De passage à Hraure -.
novembre 1984

Monique et Jean Louis

Henri Pourrat

ALMANACH DES SAISONS

Illustré par Nicolas Rubio

Albin Michel

Les illustrations de ce livre,
réalisées à la gouache par Nicolas Rubio,
à Buenos Aires,
sont extraites d'un ensemble original
inspiré par *le Temps qu'il fait,*
de Henri Pourrat

Le texte original de cet ouvrage a été publié en 1960
par les éditions Albin Michel sous le titre
LE TEMPS QU'IL FAIT

Nouvelle édition illustrée par Nicolas Rubio
sous le titre
L'ALMANACH DES SAISONS

Maquette de mise en page
par Didier Thimonier

22, rue Huyghens - 75014 Paris

ISBN : 2-226-01748-8

Le calendrier des dictons

En mars-avril les soirs sont plus doux, déjà, quand dans les ruelles des jardins un crapaud s'essaie à chanter, goutte à goutte. Ces soirs-là, dans la petite ville, on parlait avec quelque acrimonie de la lune rousse. La vieille tante, de tête tremblante sous les ruchés de son bonnet blanc, avançait jusqu'au seuil : elle épiait le coq du clocher. Tournait-il du côté de bise ? « Les fruits seront tôt ramassés, si ce temps ne se couvre pas pour la nuit. » Ce n'était pas qu'elle aimât tant les poires, les prunes : elle était d'un siècle où l'on en mangeait peu. Et elle n'avait même pas de jardin. Seulement ses voisins en avaient un. Elle entrait dans leurs déceptions, leurs espoirs, comme dans ceux des gens de la campagne. Savoir qu'il n'y aurait pas de noix ou que les avoines ne sortaient pas bien la rendait triste ; et elle apprenait avec satisfaction qu'en montagne on avait eu beau pour planter les pommes de terre.

Elle n'ignorait point que s'il pleuvait le jour de la Saint-Georges, il fallait dire adieu aux cerises. Les saints de glace n'arrivaient pas sans qu'elle les surveillât de près, tant elle avait peur qu'un temps clair et froid ne vînt geler les blés en fleur. Mais si le chat passait alors sa patte derrière son oreille, ou si la suie dégringolait dans la cheminée, elle prévoyait un temps humide et rassurant.

Le jeudi, jour du marché, elle ne manquait guère de questionner les connaissances des villages. Tel vieil homme, à la face rouge et cuite, répondait d'un ton soucieux, assis devant la table où le reflet de la fenêtre tirait un trait de jour blanc au flanc de la chopine. Elle lui faisait donner des nouvelles du foin, — il n'y en aurait guère, mais année de foin, année de rien — du seigle, des choulettes...

C'était assez chrétien, cela. Elle pensait, sans même se le dire, qu'on doit entrer avec les gens de la terre dans cette grande affaire de la terre et de l'année. On n'avait pas encore bien vu que les affaires extérieures sont nos affaires aussi, et que ce qui arrive à Serajevo, à Dantzig, peut déclencher des catastrophes. La crise et la surproduction n'étaient pas assez fortes pour enseigner que les bonnes années ce sont les mauvaises et qu'il faut se réjouir d'une triste récolte. On n'ouvrait pas le journal, on regardait le temps.

Tu peux regarder les journaux, mais il y aurait intérêt à regarder la couleur du temps, aussi : les aspects du ciel, le cours des vents, la face des campagnes, les fleurs qui s'ouvrent et les feuilles qui tombent. Intérêt à entrer dans le grand poème de la planète.

Le plus pratique, pour s'éveiller à cela, serait de suivre le calendrier des dictons. D'apprendre par eux ce que font les prés, les champs, les bois.

Assez vite tu t'apercevras que ces dictons peuvent être en faute. Ou bien c'est la saison qui est dans son tort. Tu ne retiendras que ceux qui valent pour ton canton. En Limagne, février ne s'en va pas sans laisser la feuille au groseillier; et cela n'est pas toujours vrai en Livradois. Dans tel bon pays, le raisin sera prêt à cueillir à la croix de septembre; ailleurs, à peine ce sera-t-il à la Saint-Rémi, au 1er octobre; et à dix kilomètres de là, il n'y a plus de raisin du tout. Les Auvergnats, que feront-ils de tel proverbe sur l'amandier que répètent les gens du Rouergue et du Quercy, ou de tel sur l'olivier qui court la Provence?

Et puis cela va selon le terroir. Tel de terre froide et humide voudra un janvier poudreux; tel autre, de terre sèche et chaude, un janvier de pluie ou de neige.

Oui, que chacun tourne ces versets paysans pour n'en garder que ce qui lui appartiendra.

Le plus souvent les dictons sont un message d'espérance. Ils viennent rappeler que tout s'achète, mais que, finalement, Dieu est bon marchand. Que la pluie tombe, que les froidures arrivent et la neige, qui servira de pelisse au blé; mais que pluie, neige, froidures, sont un désagrément nécessaire et que le beau temps reparaîtra où tout rit sous le soleil. Le mauvais temps, prends-le en patience : les saisons doivent se faire.

L'homme est né pour l'effort, ayant à travailler la terre pour gagner sa vie, à travailler sa vie pour gagner son salut. N'est-il pas bon, donc, que le monde soit ainsi monté comme une roue pour entraîner l'homme dans son cycle, tout en le rafraîchissant par le changement? Les humains ont besoin d'une routine qui les prenne, qui les empêche de songer trop humainement à leur destin. Une usine, un bureau, une caserne, c'est cela, mais en plus dérisoire. Et ils ont besoin, encore plus, de nouveauté. Voici les cieux et la planète, le calendrier et la nature, voici ce monde, toujours changeant, toujours pareil.

Comprend-on ce que c'est que d'accorder sa vie, comme le fait un paysan, à la ronde du soleil et aux travaux de la terre ?

L'homme d'autrefois, de la civilisation paysanne, celui-là vraiment sentait qu'il s'employait. De la peine de ses bras, il pourvoyait à tout, le vivre, le vêtir, le loger et tout, en s'aidant de l'univers, en se mettant avec la création même. Comme il entrait dans l'ordre des choses ! Il y avait cet ordre pour le gouverner, l'assurer, le porter. Sa vie avait déjà une certitude.

Des personnes bien intentionnées ont protesté contre le mot fameux de Lassalle : « Il faut apprendre à l'ouvrier qu'il est malheureux. » Eh bien ! ce mot est bon, il vaut qu'on le prenne. Mais qu'on le prenne plus grandement. Ce n'est pas seulement à l'ouvrier qu'il faut apprendre qu'il est malheureux : c'est à l'homme de la civilisation mécanique. A l'homme des villes qui vit trop loin des herbes et des arbres, qui ne sait pas à quel juste moment le pêcher prend fleur, et la caille chante, ni quels vents passent en l'air du temps, et qui se prive de tant d'amitiés, de tant de bonheurs journaliers au clair visage.

Aujourd'hui, à peine si l'on ose dire que la vie n'est pas une dégoûtation, que le monde n'est pas un enfer.

Et cependant c'est vrai : si l'on savait faire silence et contempler, voir comme ce monde est beau !

Pour l'apprendre, il suffit d'une après-midi d'été dans la plaine. Tu suivais le bord de l'eau et la rivière fait une grande boucle : tu t'arrêtes devant une immense pâture coupée de buissons, où trois bouleaux tiennent conseil; et d'autres arbres se groupent par-delà, — des vaches là-bas vaguent lentement; — et d'autres emmêlés suivent le feston de la berge avec, au-dessus de leurs têtes tranquilles, dans les distances, éclairci de métairies, de chapelles, le songe recueilli des hautes collines couronnées de bouquets de pins. Il suffit de moins, d'une feuille d'herbe : la feuille à cent plis du fraisier sauvage, toute neuve et verte au talus du ruisseau; il suffit de ce vert étonnamment pur, de son éclat dans les mousses mouillées, les frondes des petites fougères, et les langues de la pulmonaire, si curieuses, avec leurs taches livides qui fixent l'œil. Il suffit de rien : de l'espace, de l'air, par un matin de mai, dans les fraîches montagnes...

Des choses naturelles, il vient un tel conseil de joie. Tel, oui, que pour l'entendre on pourrait quelquefois faire taire le hurlement des sirènes et le train des soucis. Il y a cela, les prés, les bois, le ciel avec ses grands nuages passants et la jeunesse toujours retrouvée de sa profondeur bleue. Il y a cette libre, innocente et noble chose du plein air. Elle existe, et pour tous, tellement pacifiante.

Mais qui a encore l'idée de la mettre dans ses journées? Peut-être est-on tenu certains jours de se recharger dans les journaux de tourments et de colère. Est-il si bon, pourtant, de se donner très loin de la joie des choses vertes, aux rongements d'esprit?

O fortunatos nimium... Et cætera. C'est du latin, et

si bien balancé, il a tourné à la balançoire. Personne ne sait plus penser que les êtres qui ont affaire à la nature seraient heureux s'ils connaissaient leur bonheur. Mais c'est vrai! Mais c'est vrai! Lassalle a raison, si en grand air on donne de l'ampleur à sa pensée un peu étroite. Il faut faire comprendre à l'homme des champs qu'il a une grande chance de plus que l'homme des villes. *Il faut lui apprendre qu'il est heureux.*

La terre, voilà l'élément de l'homme; et l'aménagement de la terre en terroir, voilà la besogne première. Lorsqu'ils ont par la science et par l'industrie acquis le pouvoir de transformer le monde, les mortels passent à des exercices moins innocents. S'occuper de la terre reste la grande chose.

L'homme aura toujours affaire à l'hiver et à l'été, à la pluie et au soleil, affaire à l'herbe, à l'arbre, au blé et à la vigne. Cela, c'est le simple et l'éternel. Du fond des catastrophes, il faut bien repartir de cela. Dans l'écroulement retentissant des civilisations, on retrouvera les grandes choses silencieuses : la terre qui tourne sans bruit, le trèfle, le seigle, le chêne, menant humblement, puissamment, leur vie réglée selon le juste temps des saisons.

Comment on retrouvera plus éclatantes, quand les fumées auront retombé, les mœurs de la planète Terre : ces vérités de la vie. Et parce que l'univers est à sens unique, la pratique des choses naturelles est une école obscure de l'effort et de l'Espérance.

Lève la tête, regarde, dans le silence pacifié de l'aurore. Déjà la rosée trempe l'herbe. Des fleuves d'air affluent d'entre les lointaines montagnes. Ils passent sur les prés, sur les haies des bordures, sur le peuple des arbres, au long de la rivière, et tout s'éveille dans une verdeur neuve. Baigné de fraîcheur, le monde renaît du cœur profond de la nuit. Rien ne t'est dit, mais ne le sens-tu pas : une promesse de joie t'arrive. Derrière la bosse des collines, son rais brumeux montant comme la main de celui qui témoigne, voici paraître le soleil.

L'HIVER

Janvier

Les dictons de janvier

Souhaite que l'année commence belle et claire :

Le mauvais an
Entre en nageant.

On prétend, du reste, que ces jours fournissent de lointains pronostics :

Les douze jours qui vont de la Noël aux Rois
Donnent le temps des douze mois.

L'important, c'est qu'alors ces longues pluies noires, qui sentent encore novembre, ne viennent plus rouler sur les pâtis et les terres. Dans leur désolation, on ne voit plus à peine qu'un petit arbre ployé, tournant le dos à des torrents d'eaux qui ne cesseront plus.

Janvier d'eau chiche
Fait le paysan riche.

Pour le marquer, on use même d'une métamorphose un peu rustique :

Janvier ne veut pas
Voir pisser un rat

Non, l'eau ne vaut rien en ce temps où les jours sont si courts et peuvent être si sombres :

Pluie de janvier, cherté;
Brouillard de janvier, mortalité.

Du hangar-atelier de planches où il répare ses outils, le paysan regarde ce pays pourri d'eau, perdu de brume. Il soupire après le temps sec.

Poussière de janvier,
Remplit le grenier.

Le vieil oncle disait, lui :

S'il ne pleut en janvier,
Paysan étaye ton grenier.

parce qu'il menacera de crouler sous le grain.

Quand sec est janvier,
Ne doit se plaindre le fermier.

Ne faut pourtant pas qu'il soit chaud : tu risquerais de n'avoir ni foin ni paille :

Si les moucherons dansent en janvier
Ménage le foin du fenier.

Gare, s'il fait assez tiède pour que le crapaud s'éveille sous les capillaires, entre deux pierres verdies, au mur de ton jardin :

Quand le crapaud chante en janvier
Serre ta paille, métayer.

Quelques-uns disent :

Tonnerre en janvier,
Récoltes en quantité.

Mais la plupart pensent le contraire. La chaleur, à ce moment de l'année, ôterait tout espoir de vendanges.

S'il tonne en janvier,
Cuves au fumier,
Barils au grenier!

Le vrai temps de ce mois, c'est du froid. Il serait bon qu'alors le gel mordît serré, que la terre sonnât sous le talon, qu'il n'y eût plus sur les ornières qu'une feuille de glace craquante et qu'on sentît l'air pur comme du cristal, jusqu'à ces montagnes, là-bas, au bord du ciel, d'un azur qui tourne à l'argent, tout mangé de lumière.

En janvier, mieux vaudrait voir le loup dans les champs
Qu'homme en chemise labourant.

Ou encore :

En janvier, mieux vaut voir le loup près du fumier
Qu'un paysan les bras nus travailler.

Le travail de janvier
Ne doit pas valoir un denier.

QUAND LE CRAPAUD CHANTE EN
JANVIER, SERRE LA PAILLE METAYER

2

2bis

Et l'on insiste :

Entre Noël et la Chandeleur,
Plus de laboureur!

Si l'on avait assez beau temps pour travailler dehors, comme on le payerait plus tard!

Quand janvier est bon laouaire (laboureur)
Février ne sera pas son frère.

Le paysan désire en ce temps rester sous l'appentis, faisant des échalas, emmanchant une cognée ou remontant un tombereau. Il ne rêve point d'aller à sa journée travailler dans les champs.

Quand janvier est journalier,
Ne l'est ni mars, ni février.

Cependant, il y a des soirs qui ont un goût d'avant-printemps, déjà. On ne voit plus que quelques plaques de neige au revers des fossés; des fagots liés de paille traînent sur la lisière du bois de pins. Un osier jaune brille. Quelque vol de pigeons passe lentement sur les terres, entre les fermes. Plus bas, une fine barre de brouillard suit la rivière et détrempe le val.

Mais la bise souffle, et revient le froid cuisant. On est loin encore du temps des fenaisons et du temps des moissons. Il faut voir à garder des provisions en conséquence. Pour aborder février, on doit avoir la moitié des récoltes :

Fin janvier,
Moitié grenier,
Moitié fenier.

Il y a toujours à redouter ces grands froids dont on ne voit point les effets sur le moment, mais qui attaquent jusqu'aux arbres.

Janvier fait le péché
Et mars est accusé.

Mieux vaut encore que le vent tourne, se mette à l'Ouest, et que la neige tombe. La neige, non la pluie :

Sous l'eau la faim
Sous la neige le pain.

Dans ses ouates qui font bourrelet aux branches, comblent les fossés, ne laissent plus voir des souches et des tas de cailloux qu'un renflement, les blés au moins sont protégés des trop grandes froidures :

La neige au blé rend le même service
Que fait à l'homme une chaude pelisse.

Et les vieux disent même :

Pour que l'année aille comme il se doit,
Il convient que les champs s'enneigent par deux fois.

1
Au jour de l'an les jours crois-sent d'un empan
Saint Clair porte quaran-taine
2
6
Les hivers les plus froids sont ceux qui pren-nent vers les Rois
La Sainte-Mélanie de la pluie n'ent veut mie
7
Point de St Hilaire sans neige sur le Mont Lozère
14
St Antoine donne l'œuf aux gélines
17
A la chaire du bon St Pierre l'hiver s'en va..
18
s'il ne reserre
A la St Vincent tout gèle ou tout fend
l'hiver se rerend ou se romt la dent
22
23
s'il gèle à la St Ray-mond
l'hiver es encore long
Le blé de Babylas de la neige en est las
24
25
La Saint Paul en belle journée présage belle année
St Julien brise la glace
s'il ne la casse il l'embrasse
27

Le jardin

« C'est la seule saison, je trouve, dit le voisin, où il y ait de la satisfaction à jardiner. Parce que la terre est endormie et qu'au moins elle vous laisse mettre au jardin quelque peu d'ordre. Ce que vous plantez ce soir ne sera pas fané demain matin et la mauvaise herbe n'aura pas repoussé dans la nuit. »

Bien sûr. On peut ne pas aimer le jardinage qui tient du ménage, le sarclage, l'arrosage, qui ressemblent au balayage, à l'époussetage, ces besognes de femmes, toujours recommencées.

Janvier, temps de vrai travail! Comme de tailler les haies : les haies d'épine noire, et les gens, le long des prés, y vont à coups de serpe; haies d'épine blanche, — blanche parce que l'aubépine a des surgeons couleur de mastic — plus fines, celles-là, autour des vergers, et on les taille en manœuvrant comme de grands ciseaux les cisailles de fer. On peut tailler tant qu'il ne gèle pas.

Ne pas tailler les poiriers qui sont gourmands de bois, mais les arbres faibles, ceux qui auront besoin de toute leur sève lorsqu'elle sera en mouvement. De même enter les arbres ou les arbrisseaux qui fleurissent de bonne heure : les pruniers, les avant-pêchers, les amandiers, les cerisiers d'espalier; et les rosiers aussi. Bêcher la terre, si cela n'est fait, sous les arbres fruitiers, mais avoir bien soin que le fumier qu'on met ne touche aux racines.

Et couper les perches de saule pour les treilles.

Il y a des jours, étouffés, étoupés sous des fourrures de neige. Mais il y en a où travailler dehors : une espèce de vieille douceur s'étend lointainement sur les prés de chanvre et d'eau, jusqu'à ces bois mouillés où revivent deux pies; l'air est sans vent, le pays sans couleur sous la nuée à vagues trouées de bleu qui tient tout le ciel. Et il y a des jours clairs et tièdes. Dans les bois où les pins ébranchés ont des plaies encore fraîches, c'est beau, ces bandes de lumière couchée, un peu trop orangée parce que le soleil semble toujours près de sa rentrée. On croirait qu'il fait chaud, mais si seulement on veut ramasser une pignole, on s'aperçoit qu'elle colle aux aiguilles, à la mousse, et que le dessous est tout blanc de givre.

Le jardin est bien mort. Sur le mur, tu ne verras que les fleurs jaune pâle du jasmin d'Espagne. Cependant avant la fin du mois les noisetiers ont des chatons; et si l'on vient à heurter leurs surgeons, il en sort un léger nuage de soufre. C'est que le noisetier fleurit, dit-on, pour chaque fête de la Sainte Vierge; et la Chandeleur est proche.

Proverbes des paysans

NUL BIEN SANS PEINE.

QUI VEUT, SE REMUE.

RENARD QUI DORT N'ATTRAPE PAS LES POULES.

FIALE, MARGARIDE
SE VOUOLE ANA VESTIDE.
(File, Marguerite,
Si tu veux aller vêtue.)

QUI S'ATTEND A L'ÉCUELLE D'AUTRUI
DINE PAR CŒUR PLUS D'UN MIDI.

QUE PEITA DINA TARD.
(Qui vit d'espérance dîne tard.)

COUMO FARA
HOU TROBARA.
(Comme tu feras
Le trouveras.)

La chanson des pommes de terre

Pour bien commencer l'année, (bis)
Faut s'y prendre au mois d'janvier (bis)
Jusqu'à la Saint-Sylvestre,
Eh bien!
Mangeant des pomm' de terre,
Et vous m'entendez bien!

L'marmot encore au berceau (bis)
Crie papa, ou maman, tout haut. (bis)
Sa mère, pour le faire taire
Eh bien!
Lui donn' des pomm' de terre,
Et vous m'entendez bien!

La bonn' vieille et le bon vieux (bis)
A cropp'tons au coin du feu (bis)
Parlant de leurs affaires,
Eh bien!
Mangent des pomm' de terre,
Et vous m'entendez bien!

Les rich's pour se distinguer (bis)
En mang'nt à gros pleins paniers (bis)
Pour fair' voir qu'ils les aiment

Eh bien!
Les aval'nt tout' entières
Et vous m'entendez bien!

L'roi Philippe à son dîner (bis)
En mangea sans lever l'nez (bis)
Puis fut en Angleterre
Eh bien!
Manger des pomm' de terre,
Et vous m'entendez bien!

L'an commence dans l'espérance parce que voilà que les jours augmentent. C'est si bon d'avoir plus longtemps à soi la belle lumière! Surtout, dès janvier, elle a une autre qualité, plus vive et nette, plus fraîche, nouvelle, enfin. Presque déjà la lumière du printemps! Avant que les herbes et les arbres reverdissent, l'air même a refleuri. On sent cela vers quatre heures, si l'on s'arrête au haut de la côte, entre les genièvres pointus, pour regarder le ciel tout rajeuni du Sud.

Au jour de l'an
Les jours croissent d'un empan.

Le vieux métayer dit qu'ils en font :

A l'an neuf,
Du repas d'un bœuf.
A la Saint-Antoine,
Du repas d'un moine.

Remarque quel sera le 1er janvier :

Tel jour de la Circoncision,
Tel mois de moisson.

Et quel vent souffle ce jour-là :

Le vent du jour de l'an
Souffle moitié de l'an.

Prends garde aussi, le 2, à Saint-Clair, qui pourrait se faire suivre d'une longue méchante période :

Saint Clair porte quarantaine.

Et puis aux Rois qui viennent le 6 :

Les hivers les plus froids
Sont ceux qui prennent vers les Rois.

Les Rois, c'est, comme on dit, « le fort du temps », le moment des grosses froidures. Puisse pourtant le soleil sortir de ses bourres de frimas pour saluer Gaspard, Melchior et Balthazar. Et qu'il fasse resplendir alors une campagne emmitouflée en ses fourrures de neige, toute givrée, de l'aigrette du genêt à la ramille du bouleau.

Beau jour aux Rois
Blé jusqu'au toit.
Le jour des Rois,
Sec et pas froid.

Sec, tel est le vœu de janvier!

La Sainte-Mélanie (le 7)
De la pluie n'en veut mie.

Sec, même si ce doit être d'un sec resserré de froidure. Les tournants et les allées d'eau luisent comme de l'étain, entre les champs épaissement blancs, hérissés de haies ou de bandes d'arbres dépouillés. Car tout est figé, tout, jusqu'à la fontaine sous ses grappes de glaçons, tout est pris, cloué, pétrifié, tout est dormant et roide.

Arcade et Hilaire (le 12 et le 14)
Gèlent les rivières.

Les montagnes, du moins, sont coiffées par la neige.

Point de Saint-Hilaire
Sans neige sur le mont Lozère.

Même si le soleil éclairci se réchauffait, il ne faudrait pas pour autant te croire à la belle saison.

Soleil et chaleur à la Saint-Hilaire
N'indiquent pas la fin de l'hiver.

Nul temps dans l'année où la terre s'enfonce mieux en son sommeil.

A la Saint-Maur (le 15)
Tout est mort.

Les chaudronniers, à peu près seuls à travailler en joie, fêtent leur saint patron :

Le quinze janvier,
Maur réjouit les chaudronniers.

Tout est mort, tout dort. Le temps, en ce cœur de l'hiver, n'aurait que faire d'être doux et mouillé et la campagne verdoyante.

Arrive pourtant la première promesse de renouveau. Dans la terre vague, encore couleur d'étoupe, derrière la ferme, deux, trois pâquerettes s'éveillent, tandis que le mur de pisé jaunit, touché d'un premier rayon de ce soleil qui remonte en sa force. Les poules, qui ne pondaient plus depuis octobre, le sentent, cherchant leur vie autour des fagotiers.

Saint-Antoine (le 17)
Donne l'œuf aux gélines.

Les vignerons regardent comme il se comporte :

Saint-Antoine sec et beau
Remplit tonnes et tonneaux.

Les jours commencent de croître, aussi vite qu'à la belle saison fera le chanvre.

Pour Saint-Antoine,
Comme la barbe d'un moine.

Courage, les amis! Il se pourrait bientôt que l'hiver fût passé!

A la chaire du bon saint Pierre (le 18)
L'hiver s'en va s'il ne resserre.

Les vieux disent la même chose de la Saint-Vincent. La glace prend tout ou au contraire part en débâcle.

A la Saint-Vincent (le 22)
Tout gèle ou tout fend;
L'hiver se reprend.
Ou se rompt la dent.

N'oublie pas que saint Vincent, avec saint Verny, est le patron des vignerons.

Les hommes de la cuve et du pressoir remarquent donc particulièrement ce jour :

Quand Saint-Vincent est clair et beau,
Il y a du vin comme de l'eau.

D'autres préfèrent croire à la pluie : ils veulent qu'elle arrose les lignes des ceps.

S'il pleut pour Saint-Vincent,
Le vin monte dans les rangs.
Mais s'il geale (gèle),
Il ne dévale.

Pour l'ordinaire, on devrait passer à ce moment de pluviôse à ventôse :

A la Saint-Vincent
Cesse la pluie et vient le vent.

Saint-Raymond peut marquer un tournant de l'année :

S'il gèle à la Saint-Raymond (le 23),
L'hiver est encore long.

Cependant les jours continuent de croître, le vert dans les emblaves va pointer sous la neige mi-fondue, grise et grenue comme du sel.

Le blé de Babylas (le 24)
De la neige en est las.

Peut-être, peut-être bien que tout va partir!

Pour la Saint-Pou (Saint-Paul, le 25)
L'hiver se rompt le cou,
Ou pour quatorze jours
Se le renoue.

Encore un de ces saints dont il faut observer les signes. D'un monticule de vignes et de broussailles, au milieu de la plaine, considère la nue tourmentée : il se peut que d'un œil de lumière par là-bas, au Midi, perce un rais de soleil.

A la Saint-Paul
S'entre-battent les vents :
Celui qui l'emporte
Dominera l'an.

D'où s'ensuit :

La Saint-Paul en belle journée
Présage belle année.

L'espoir grandit de voir le temps se radoucir :

Saint Julien brise la glace (le 27) ;
S'il ne la casse,
Il l'embrasse.

Ce serait bon pourtant, le cache-nez volant au vent, de se lancer encore à la glissade sur les étangs gelés, et de reprendre, avec des mains fourmillantes, les grands combats, les grands jeux dans la neige :

Pour Charlemagne les écoliers (le 28)
Doivent fermer livres et cahiers.

La campagne. — Le vent a dû la ramener de ce côté de la colline. Elle pèse en gâteaux et en tourtes sur les basses branches des pins. Des ronces, on ne voit plus que des arceaux aux feuilles déchirées et les balais des genêts s'affalent sous ses paquets, tant elle a tout accablé de ses molles épaisseurs blanches.

Mais la neige enfouit moins les choses qu'elle ne les montre. S'en serait-on aperçu ? C'est à cette heure que le tilleul laisse tomber ses fruits. Leurs boules de carton à nervures prennent une importance singulière, posées sur ce blanc. Si fins, si rustiques, les drôles d'objets, auxquels on n'imaginerait d'usage qu'en un ménage de nains, dans quelque conte impossible de magie lapone.

Si elle n'était seule, au milieu d'une plage immaculée, aurait-on su voir cette parcelle de papier jaunâtre ? Découpure enfantine, si petite que du bout du petit doigt on la couvre. On dirait l'image, ailes ouvertes, d'un de ces courts moineaux des buissons ; oui, la figure d'un oiseau arrêté en plein vol, et abattu là par l'hiver. C'est une graine de bouleau, apportée par le vent comme un signe dont on ne serait pas sûr de saisir le sens.

Plus loin que les haies, en renflements et vallonnements amortis sous ces neiges, s'étend la bosse des campagnes. Tant de bêtes invisibles s'y promenaient donc tous les jours? Ces pattes fines, c'est d'une belette; celles-ci, plus enfoncées, d'un lièvre — deux en verticale, deux en horizontale, à peu près comme un T; celles-ci d'un rat, tout en crans sur la traînée de la queue qui fait crémaillère; à côté de chaque trace, celle d'un chien, en trèfles à quatre. Ces tirets marquent la promenade, queue ballante, d'une pie. — Les pattes d'oiseaux ont des empreintes inquiétantes, griffues, fourchues, plus grandes qu'on ne s'y attendait, toujours.

Ainsi s'en vont, en boucles de lettres démesurées, ces pointillés. Comment se fait-il qu'ils tracent tous de si belles courbes? Pistes, amorces, maillons d'une chaîne à remonter et qui vous attirerait au diable, jusque vers ce ciel bas d'un gris gonflé au loin comme une vapeur de plomb immobile.

Les travaux. — En janvier, on coupera le bois qu'on destine aux bâtiments comme celui qui sera le plus propre à longuement durer. On entera les arbres ou arbrisseaux qui fleurissent de bonne heure. On enfouira les noix, les amandes, les noyaux d'abricots, de pêches et de prunes. On taillera la vigne par temps beau et serein. On labourera les terres légères, blanches, déliées, sablonneuses, pleines de racines et de grandes herbes, qui n'avaient pas été labourées en octobre. On coupera les perches de saule, on préparera les échalas. On tournera le fumier fait depuis la Saint-Martin sens dessus dessous, afin qu'il soit bien cuit quand il le faudra épandre sur les champs et les prés. On révisera les chars, charrettes, charrues et autres instruments nécessaires au labour.

Les signes. — Lorsque le soleil se lève, s'il paraît grand, comme fait la lune lorsqu'elle sort du bord des montagnes, un palet rouge qu'on tirerait de la forge, surtout s'il est d'un cramoisi terne, sentant moins le feu dans sa force de lumière qu'un rougeoiement charbonnant, ou s'il demeure pâle, barré de raies écarlates et entouré d'anneaux obscurs, c'est signe certain de neige en tempête.

Signe de neige, aussi, et qui tombera avant le soir, quand au lever du soleil le ciel à l'opposé se bariole de longues traînées couleur de sang.

De même, parmi la nuée, une lune blêmissante dans une trouée de lueur verdâtre. Ou bien encore, dans un ciel sans nuages, les étoiles qui paraissent brouillées et nébuleuses.

Les journées trop transparentes présagent la neige, celles qui laissent voir, là-bas au bord du monde, des chaînes, des pics, qu'on ne voyait pas d'ordinaire. Les éclairs en sont suivis presque toujours.

Les nuages blancs qui s'amassent, qui s'épaississent, l'amènent, et en particulier quand l'air se radoucit. Si l'on sent en sortant de la maison que l'air est moins froid au visage, si la route paraît moins sèche, les bois de pins sur les côtes d'un bleu plus sombre, plus proche, on peut s'attendre à ce que les flocons tombent bientôt.

Les hiboux crient plus fort, la nuit, revolant au-dessus des taillis et des chemins déserts. Au matin, les corbeaux se rassemblent en bandes. Ils tournent longtemps en croassant sous la nue bourrue, se répondant, se rappelant. L'homme qui part, les mains aux poches, une cognée accrochée à l'épaule, crie à sa femme qui jette le grain aux poules : « C'est elle, cette fois, ils l'auront assez appelée! » Les domaines semblent se tapir petitement sur une campagne terne où se hérisse à peine, par longs quartiers, dans l'éloignement, le brouillis des arbres. La nue est toute d'une cendre chagrine; partout de la même grisaille, sauf sur l'horizon, là où son gris plus épais se renfle en bourrelet, parce qu'on l'y voit par la tranche.

Les chats font leurs griffes, comme on dit, les plantant dans le pied de la table, s'arquant, là, poursuivant le peloton autour du tabouret, embrouillant sa laine à cent voltes, se roulant sur le dos pour le reprendre entre leurs quatre pattes et le griffer, l'ébourrer à plaisir.

La neige peut venir du Sud ou de l'Ouest, après une période de froid; ou au rebours, après des jours doux, venir par le Nord, avec les froidures. En janvier de 1929, je crois, on a vu la neige et l'hiver déferler ainsi d'un coup, en un dimanche soir. C'était du bout d'une sente, sur une côte de sapins. Un crépuscule gelé, rose et gris, s'établissait dans le ciel. Mais une sorte de mur, montant, mouvant, glissant, s'était soudain levé au Nord, en falaise grise. Cela s'amenait, poussé vite, rampant sur la contrée. Déjà des flots, détachés en avant, glissaient contre les flancs de la grande vallée, des bancs semi-déchirés dont on voyait défiler les cimes déchiquetées. La masse suivait, bouchant tout. Elle arrivait par-dessus les collines, comme un souffle, comme un froid, comme une odeur, fumées ténues, là-haut, par larges vols. Le ciel encore mêlé, dans son bleu et son rose, d'éclairages d'or pâle, fut engorgé en un moment. Une invasion de gris dans la bise, apportant l'hiver pour des semaines. Puis se mit à poudroyer cette poussière de frimas, cette bruine en cristaux, que les gens appellent la petite neige.

C'était vraiment arrivé en un quart d'heure, comme une chose vivante marchant sur le pays, comme un de ces météores, — Borée ou un autre, — à qui on avait bien été forcé, autrefois, de donner un nom de personne.

Février

Les dictons de février

Il ne va pas faire bon dans des maisons perdues qu'attaque la tourmente, aveuglant de neige les petits carreaux troubles derrière les barreaux !

Février
Gèle l'homme au lit, la femme au foyer.

Car si l'homme peut paresser en ce mois, il faut bien que toujours la femme s'affaire :

Février
Le plus court, le plus mauvais.

Ou :

Février le moins lang (long),
Le plus mauvais de l'an.

Et aussi :

Février de tous les mois,
Le plus froid, le plus matois.

Le voilà donc bien arrangé :

Février le plus court des mois
Et aussi le pire cent fois.

Comprend-on maintenant pourquoi l'on dit :

Février veut
Pain, vin, viande et feu!

On a bien fait d'amasser encore du bois dans les appentis, autour de la maison, ou d'empiler des bûches entre quatre pieux, sous une tignasse de genêts secs.

Janvier amasse les souches :
Février les brûle toutes.

Donc s'attendre à un temps rude et désagréable.

Si février ne donne de la teste
Il donnera de la quoueste,

c'est-à-dire de la queue. Eh bien! tu peux trouver une consolation en cela même :

Quand février débute en lion
Il finit comme un mouton.

Mais, sache-le :

Si février n'a ni pluie ni giboulée,
Seront ennuyeux tous les mois de l'année.

Ou encore :

Si le temps ne vomit ses fièvres en février,
Le vent souffle toute l'année.

Ce sont les conditions du temps : il faut les prendre comme elles sont.

Si février ne févrière pas,
Tout mois de l'an peu ou prou le fera.

D'autres, qui ne veulent pas s'affliger d'avance, préfèrent dire que mars seul prendra sa revanche.

Si février ne févrotte
Mars marmotte.

Mais va, s'il ne peut pas être tout bon, il ne peut pas être tout mauvais non plus.

Le mois de février
N'a pas deux jours pareils.

Le temps secoué, le temps tranquille, les rayons, les rafales, le froid, le chaud s'entremêleront.

Février tourne son bonnet
Sept coups devant derrier.

Ne te fais pas de méchant sang si tu vois tomber la neige. Beaucoup pensent qu'elle vient très bien.

Neige de février
Vaut du fumier.
Neige de février
Fait le gerbier.

D'autres, tout au rebours :

NEIGE DE FEVRIER, C'EST
DE L'EAU DANS UN PANIER
8

BON LABOUR FAIT BONNE MOISSON

Neige de février
Met peu de blé au grenier
Mais indique un bel été.
Neige de février
Brûlera le blé.

Au vieux temps, les accapareurs en robe de chambre et calotte grecque, de leur cabinet sombre la regardaient tomber en se frottant les mains :

Neige de février
Met en belle humeur l'usurier.

Cependant, dans les bons pays, elle ne tient guère déjà.

La neige de février
Fuit comme un lévrier.
C'est de l'eau dans un panier.

Certains lui préfèrent la pluie :

Eau de février
Vaut jus de fumier.

Et ajoutent :

Si février laisse les fossés pleins,
Les greniers aussi seront pleins.

Qu'il soit au contraire sec et beau, les greniers seront vides :

Beau en février,
Disette au grenier.

Du reste, c'est connu :

Si l'hiver est chargé d'eau,
L'été n'en est que plus beau.

Résigne-toi donc à ce que le mois soit mouillé, dans un affreux dégel étouffé de brume jaunâtre où les gouttières gargouillent et les chéneaux pleuvent sur un verglas gâché de boue.

Mieux vaut voir loup dans le troupeau
Qu'un mois de février trop beau.

Comme on le disait de janvier, ils disent encore :

Mieux vaudrait voir un voleur au grenier
Qu'un homme bras nus en février.

Février trop doux,
Printemps en courroux.

Par ces temps tiédis et lourds, le vigneron écoute soucieusement si le tonnerre ne roule pas derrière les collines :

S'il tonne en février,
Monte tes fûts au grenier.

Adieu le vin, adieu l'huile.

Quand il tonne en février,
Toute l'huile de noix tiendra dans un cuiller.

Ou alors que le froid revienne vite et arrête la pousse.

En février s'il gèle et tonne,
C'est la marque d'un bel automne.

Mais gare si tu vois tout fleurir, et les pruniers devenir blancs, en touffe épaisse autour des bâtiments de ferme.

Fleur de février
Ne va pas au panier.

C'est-à-dire ne se transforme pas en fruit. Dans les cantons bien exposés, pruniers, poiriers peuvent prendre fleur sans risques, mais non les pommiers, plus tardifs.

Fleur de février
Va mal au pommier.

Par contre, où vient l'amandier on dit :

Pas de février
Sans fleur d'amandier.

On a remarqué que toujours en ce mois, au début ou à la fin, il y a assez de soleil pour que le chien qui se chauffe, couché en rond contre l'abricotier, près de la porte, cherche un coin d'ombre :

Février, en premier ou en dernier,
Le chien cherche le soulombrier.

Certains disent même :

Février, tu févrièreras,
Mais tous les jours tu t'ensoleilleras.

Vigneron, le temps est-il venu d'affûter ta serpe?

Si tu tailles en février,
Tu mets raisins dans ton panier.

chante-t-on en Languedoc. Presque partout on dit le contraire :

Qui taille en février
N'a besoin ni de corbeille ni de panier.

Bien sûr, les gelées sont encore trop à craindre pour souhaiter que tout parte. Tout au plus si dans les prés débarrassés de la neige et couleur de chanvre on peut voir quelque place reverdie là où se dégorge une fontaine.

Le jardin

« En février on continuera les travaux du mois précédent autant que le temps le permettra. » C'est-à-dire qu'on ébranchera et émondera les arbres, qu'on plantera les jeunes plants tant fruitiers que sauvages, qu'on taillera les haies et nettoiera le colombier; qu'on bâtira de fumier les couches des jardins, qu'on préparera les plates-bandes et donnera une seconde façon à la terre en vue des semences de mars.

Le 2 février, c'est la Chandeleur, et aucun jour n'est aussi marqué dans le calendrier. Souvent alors, le ciel change d'aspect, il se marbre de masses de brume, se pommelle, mais d'une façon plus vaste et plus vague, et plus lâche, sentant encore l'hiver où les nuages sont sans contours; le soleil s'y montre, s'y cache, parmi la nuée, dans les trouées qui luisent vaguement, couleur d'étain et de cuivre pâle. Et cela présage quarante jours de frimas. Si le ciel est tout couvert ou si le soleil rayonne bien, on a plaisir à dire que l'hiver va finir. Vers le 5, déjà, on assure que l'alouette monte de la motte et chante à l'essor. Mais il faut du temps clair.

S'il y en a, on est très affairé, sentant le printemps à la porte. Dans les carrés non travaillés on voit pointer les mauvaises herbes et fleurir en bleu déteint la fleur minuscule d'une sorte de véronique. Vers la fin du mois, dès cinq heures, le matin, les oiseaux crient dans les pommiers, et quels cris bien filés, quels chants nets et purs! Les soirs tièdes, ce sont les crapauds entre les pierres, au bas de la muraille. Celui qui passe sent d'une bouffée l'odeur des premières violettes : il y en a eu jusqu'en décembre dans les coins chauffés de soleil, et voilà les premières, presque sans queue encore, mais qu'on respire longuement, le cœur un peu gonflé.

On a découvert les artichauts, de temps en temps, pour leur donner de l'air, et ouvert les fossés des asperges. On a amoncelé les dernières neiges au pied des arbres fruitiers hâtifs comme les amandiers, les pêchers, pour retarder la floraison. On laboure les massifs d'arbustes, — avec la houe fourchue, de peur de blesser les racines. —Si l'on trouve les bêtes à bon Dieu qui se sont terrées là pour passer la morte saison, on prend bien garde de les blesser, et si ce sont les gros vers blancs, on les écrase. On tire des plans : dans quels endroits abrités, défendus des vents mortels, semer les graines dont on a dressé la liste sur une feuille volante : oignon d'abord, carotte, chicorée, laitue, cresson, épinard, petits pois, scorsonères; ne pas oublier les crosnes du Japon, et ne pas rater, comme tous les ans, le crambé maritime.

Il faut tâcher de refaire telle ou telle bordure d'iris qui pourra ainsi fleurir dès le mois de juin. (Rafraîchir racines et filaments au sécateur, faire un trou au plantoir de bois, comme pour les choux, s'arranger pour que les filaments y tombent bien, et, en s'aidant du plantoir, bloquer contre eux la terre aussi serré qu'on peut.) On va voir sortir les perce-neige et les crocus, et les scilles de Sibérie...

Il y a des jours doux, déjà, pleins d'odeurs d'écorce, de fumée et de vase. Et les doucettes, les raiponces, que les femmes cueillent de la pointe du couteau, comme elles sont vertes sur les banquettes du chemin ou dans les plates-bandes encore en friche. Quand le soleil sort, de petites araignées courent sur le terreau (ce sont elles qu'on accuse de faire périr les carottes en mangeant les premières pousses si menues, menues : à cela aucun remède sinon d'arroser beaucoup). Le vent ronfle et remue contre le ciel les branches rougies de bourgeons. De partout dans les petits jardins on entend le claquement des sécateurs.

Proverbes des paysans

AU CHATEAU DE L'ESPÉRANCE
ILS SONT TOUS MORTS D'ABSTINENCE.

BON LABOUR FAIT BONNE MOISSON.

MIEUX VAUDRAIT SEMER MOINS, LABOURER DAVANTAGE.

IL FAUT SEMER POUR MOISSONNER.

COUTEAU QUI NE FAIT LE TOUR DU TRONC
N'EMPORTE PAS LE CHOU.

LE FOIN SÈCHE MIEUX SUR LA FOURCHE.

LA TERRO ES UNO FENNO :
BOULÈGUO-LA
ET T'AIMARO.

(La terre est une femme :
Remue-la
Et elle t'aimera.)

Chanson de Martin le bûcheron

Martin prend sa serpe;
Au bois il s'en va. (bis)
Faisait grand'froidure,
Le nez lui gela!

Refrain
Ah! quel dommage!
Quel dommage, Martin!
Martin, quel dommage!

Faisait grand'froidure,
Le nez lui gela. (bis)
Martin prit sa serpe,
Son nez il coupa.

Martin prit sa serpe,
Son nez il coupa. (bis)
Lors trois pauvres moines
Passèrent par là.

Lors trois pauvres moines
Passèrent par là; (bis)
— Ah! dit le plus jeune,
Qu'est-ce que voilà?

— Ah! dit le plus jeune,
Qu'est-ce que voilà? (bis)
— C'est le nez d'un homme,
Ne le vois-tu pas?

— C'est le nez d'un homme
Ne le vois-tu pas? (bis)
Le mit dans sa poche :
— Ça nous servira!

Le mit dans sa poche :
— Ça nous servira, (bis)
Pour moucher les cierges
A bout d'échalas.

— Pour moucher les cierges
A bout d'échalas! (bis)
Mais Martin l'pauvre homme
Ne peut plus s'moucha!

La Chandeleur (le 2), avec son beau nom rustique, c'est comme une porte de clarté entre la saison morte et la saison nouvelle.

A la Chandeleur,
L'hiver passe ou prend rigueur.

Ceux qui sont plus en montagne, oui, là-haut, en pays bossu, sous les sapins secoués et les huées du vent, ceux-là n'espèrent rien encore :

A la Chandeleur,
Grand'neige et froideur.

Les plus avertis n'aiment même pas, ce jour, voir le soleil :

Quand Notre-Dame de la Chandeleur luit,
L'hiver quarante jours s'ensuit.
La Chandeleur noire,
L'hiver a fait son devoir;
La Chandeleur trouble,
L'hiver redouble.

De fait, alors, souvent, se jouent de blêmes éclairages à travers les nues confuses d'un ciel dépoli, et dans ce gris qui tourne au bleuâtre, le soleil se montre et se cache. C'est cela qui n'est pas bon signe!

Quand, à la Chandeleur, le soleil fait lanterne,
Pour sept semaines il s'hiverne.

Il ne serait pas bon non plus d'entendre en ce jour chanter la grive aux entours du sorbier qui garde des grappes rouges aux graines demi-vides.

Lorsque la draine chante à la Chandelière,
Autant de froid devant comme derrière.

Mais l'herbe va reverdir, et la pâquerette l'émailler au bord du chemin dans ses épaisses feuilles rondes. Vois à tes prés, maintenant.

Pour le deux de février,
Nettoie tes prés.

Ce qui reste du fumier écarté en décembre, ratisse-le. Sous le bon soleil qui va gagner en hauteur, il faut que l'herbe puisse se faire foin, sans que plus rien la gêne.

Pour la Notre-Dame de la Chandelière,
Tire tes brebis du pré, bergère.

Surtout de ces prés bas et mouillés des fonds qui demain vont verdoyer dru. N'y laisse plus les moutons vaguer, comme ils vaguent sur les chaumes, si tu veux en juin garnir le fenil.

A Notre-Dame de la Chandelière,
Écarte le troupeau du pré de la rivière.

Les jours augmentent, bien sûr, ils augmentent.

A la Saint-Blaise (le 3)
Les jours en font d'un tour de char.

Mais tout reste en balance, car on n'est qu'au lendemain de la Chandeleur.

A la Saint-Blaise
L'hiver s'apaise.
S'il redouble et s'il reprend,
De longtemps il ne se rend.

Malgré cela, plutôt que le temps doux, souhaite encore la froidure. Sinon elle t'arrivera dessus plus tard, à ton dommage.

S'il ne pleut ou ne neige à la Saint-Blaise,
En mars le froid en prendra à son aise.

Du reste, si la neige vient, — et elle peut tomber à grosses pattes et à plein temps, — elle ne tiendra plus des jours et des jours.

Pour la Saint-Blase,
Neige jusqu'à la queue de l'ase (de l'âne);
Pour la Sainte-Agathe (le 5),
Elle fond en hâte.

Le beau, le mauvais, alternent alors, comme dans les campagnes du ciel ces nuées sur nuées, qui bouchent tout, et l'éclaircie.

Sainte Agathe :
Tire le pied à la savate.
Ne la jette pas trop loin,
Elle te fera besoin.

C'est environ ce temps que l'alouette commence de chanter :

Pour la Sainte-Agathe
Chante l'alouette.

La petite calandre grise qui monte de la motte, se jette par bonds dans la nue, puis se laisse tomber comme un caillou et remonte plus haut appeler le temps clair! N'est-elle pas le seul oiseau qui sache chanter à l'essor?

Tout tressaille, rit et brille, comme l'eau qui court aux rigoles du pré en pente, comme le reflet de la lumière dans l'œil de la génisse ou de la cavale.

La pluie tomberait-elle, ce 5 février, n'en aie pas de fâcherie :

Pour la Sainte-Agathe, si l'eau court dans la rivière,
Le lait coulera dans la chaudière.

Mais dans la plupart des cantons, préfère-lui la neige :

En février, le fossé
Ou bien est tout embourbé,
Ou la neige de son blanc
Va maintenant le comblant.
Mais, toi, choisis de le voir
Blanc alors, plutôt que noir.

Dès à présent, songe aux semis, sans peur des froidures.

Pour Sainte-Agathe,
Fais ta pourrate.

tes poireaux, et puis tes oignons.

A Sainte-Agathe,
Sème ton oignon même dans la glace.

Certains mettent au 12 le tournant que d'autres mettaient au 2, — la Chandeleur.

Le douze février, si le soleil est clair,
Ce sera bien encore quarante jours d'hiver.

Par contre :

Si le soleil rit pour Sainte-Eulalie (le 12),
Pommes et cidre à la folie.

Enfin, on se sent comme sauvé vers le milieu du mois. On y est à la queue de la saison noire. Il fait clair de six heures à six heures, un bon mois avant l'équinoxe, la clarté avançant et retardant sur le soleil.

Quand l'amandier est en flour,
La nuit est égale au jour.

Et c'est dans nos climats de la France centrale, le milieu de la période qui va d'une récolte à une autre récolte. Aussi ferait-il mauvais d'être déjà à court de provisions.

Au milieu de février,
Sois à moitié du grenier,
A moitié de la fenière,
A moitié de ton gerbier,
A moitié de ton bûcher!
Jour et nuit sont à moitié.

Mais déjà le merle a sifflé, qui siffle au premier redoux, en attendant qu'on voie ses petits, chinés et grivelés encore, s'aventurer dans les buissons de prunelliers et de chèvrefeuille.

A mi-février,
Bon merle doit nicher.

Les oies, plus lentes que les poules, se seront remises à pondre, celles du moins du Périgord :

En février,
Toute oie de bonne race pond sur le fumier.

La pie, elle, ne songe pas encore à ses œufs. Elle bâtit son logis, cependant, ces boules qui se balancent dans la quenouille des peupliers, sur un fond de montagne bleue et blanche!

En février, la pie
Bâtit le nid de pie,
Non pour pondre ni couver
Mais pour voir s'il va ainsi...

Malgré les bourrasques passant au loin, malgré la neige revenue ou les nuées qui assombrissent le temps, de jour en jour s'élargit la lumière.

Le bord des fossés verdoie et dans les coins abrités, sous le buisson, parmi les feuilles mortes, on peut déjà cueillir deux, trois violettes. Il y a une tiédeur dans l'air.

A Saint-Mathias, le 24, la serrée doit ou lâcher prise, ou revenir.

Saint Mathias
Casse la glace.
Mais s'il n'en trouve pas,
Il faut bien qu'il en fasse.

Méfie-toi toujours : vont peut-être redoubler les frimas, les tourmentes :

Tu n'as rien vu
Tant que février n'a montré son... dos.

Mais qu'il le montre! La première petite feuille est là, au jardin, couleur d'espérance. Et elle est si bonne à voir, cette première marque du printemps!

La campagne. — Lancée d'une masse, la rivière tout du long défile à ras bords, glauque, opaque, plus silencieuse qu'on n'aurait cru. Sur quelque barrage submergé, son flot boursouflé se retourne, en quatre larges vagues toujours pareilles, toutes déchiquetées d'écumes jaunies. Les osiers qui hérissent les îles de galets sont devenus plus rouges, et il y en a qui ont déjà des minonnets d'argent.

Dans les buissons, par là, comme à des peignes, restent accrochées les poignées d'une bourre plus grossière qu'une étoupe, faite de tiges sèches, de paille et de foin mort. Au plat de la berge, marquant la limite de la crue, serpente un feston de ces mêmes débris couleur de chanvre et de poussière.

C'est d'ici qu'on doit tirer le gravier : le terrain est tout cavé de trous. Des flaques; les bancs bien modelés d'un sable mol et fin comme de la vase sèche. Un tronc pourrit, rompu en trois morceaux. La moitié de ses racines à nu dans la terre affouillée, un gros peuplier d'Italie penche au-dessus du courant.

Cet endroit, on le nomme la saulaie; un bois aéré, ni triste ni gai, sous la nue aux pâles lueurs. Les chemins de terre sont si gluants, si glissants, qu'autant vaut errer à l'aventure. On marche sur du vert un peu sale, le sol tapissé ras, non pas d'herbes, mais de petites plantes des terres vagues, où se mêlent les feuilles rondes des violettes, et des lanières pointues de jacinthes sauvages. Un tombereau cahotant vient tourner en pleine eau dans une anse. Sont-ce des coups de hache qui sonnent ainsi, tout sourd?

Une famille de chênes, aux pieds renflés, bosselés sous des croûtes grumeleuses, fait un coin quasi forestier. Ailleurs, des lianes de clématite, tortes et torses, s'accrochent à de hauts buissons. Puis on débouche sur une place claire, parmi les saules. Dans leur branchage d'or grisâtre, un homme en casquette travaille. Avec un fracas froissé, quelque grosse branche s'abat. L'homme se réinstalle, reprend sa besogne, — on voit luire le taillant de la hache.

Par-delà le brouillis, mais derrière la rivière torrentueuse, se dresse en fantôme une longue colline. Au plus haut de sa table, elle porte une construction étroite, à toit plat, qu'entourent de grands arbres : c'était la maison des champs des évêques. Sur le ciel où luiserne le soleil de la Chandeleur, cela est tout proche et pourtant inaccessible, comme d'un songe, ou de la brume mi-grise, mi-dorée de février.

Les travaux. — En février, on transplantera les vignes de deux, trois ans, qui auront déjà pris racine. On plantera les bois de haute futaie, aussi les rejetons des peupliers, des saules et des ormes; et les autres arbres, tant fruitiers que sauvages. On ébranchera, on émondera : on nettoiera les troncs des vers, saletés et vermoulure qui s'y trouvent. On raccoutrera les haies. On taillera les racines des vignes et on les munira d'échalas. On portera les fumiers aux champs et dans les prés. On donnera la seconde façon à la terre, pour recevoir fèves, orge, avoine et chanvre. On nettoiera le colombier, le poulailler, la retraite des paons et des oies. On achètera des mouches à miel et on nettoiera soigneusement leurs ruches.

LES SIGNES. — Après la neige, si le baromètre monte, signe de froid.

Mais il suffit d'avoir des yeux. Que le temps soit clair par le nord, c'est le froid. Tu reconnaîtras vite ce bleu, candide plutôt que limpide. Un bleu tout frais, tout jeune, parce qu'un peu velouteux, de sorte qu'il semble du premier matin en sa fleur, comme la buée sur la prune. Là-haut, il reste d'une finesse laiteuse, bien que la journée soit merveilleusement claire, et, si virginal, si léger, il sent l'altitude.

Oui, comme cet air paraît léger. — Au vrai, il est plus lourd, c'est pour cela que, plongé dans son fluide, on se sent plus léger soi-même. Souvent on prend ainsi les choses au rebours. — C'est l'air vif, bon à respirer, qui fait qu'on aime le beau froid sec. Mais comment ne pas aimer cette clarté dans l'étendue, cette face unie et lisse de l'hiver sous la neige?

On dit que de petits nuages bas voltigeant vers le nord sont signe de froid aussi. Mais le froid, c'est le temps à la bise. Pour montrer que le souffle de l'espace vient du septentrion, il y a les girouettes sur les toits à quatre pentes des maisons de campagne. Il y a aussi les fumées qui s'arrachent en lambeaux vite couchés, déchirés, défaits, des rudes cheminées sur le tuilage des fermes.

Peut-être sera-ce une vraie serrée. A l'automne on prédit de grosses froidures si l'on voit de bonne heure paraître les oies sauvages volant en ordre réglé dans les hauts courants de l'air. On croit que, quand il y a beaucoup de mûrons aux haies, beaucoup d'alises, de sorbes, de faînes au bois, c'est signe que l'hiver sera rigoureux. Il ne se peut pas que la nature n'ait pas le soin de fournir aux bêtes hivernantes une provende plus abondante pour la mauvaise saison, quand cette saison doit être plus mauvaise. De même regarde, pour en tirer des pronostics, les maçonneries de cire des abeilles, et jusqu'aux pelures qui habillent l'oignon.

Si le temps reste au nord, que le soleil luise clair et beau, le froid durera. Sous le bleu sans nuages, un froid craquant, coupant, cuisant. Il applique à la figure un masque de glace, pince le nez, cisaille les oreilles. Celui qui monte la côte souffle de moment en moment un panache d'haleine, et si courte que soit sa moustache, des pendeloques y sont prises. Aux endroits balayés, le chemin sonne comme du basalte. Ailleurs, la neige crisse sous le pied, et là où les roues l'ont écrasée, elle est aussi polie que dans l'ornière le rail de glace opaque. La croûte blanche de la campagne a recristallisé toute en paillettes. Comme il se montre une traînée orangée sur l'étang, quand on regarde, par-delà, le couchant, se montre ici sur le champ durci une traînée mauve qui va rejoindre le soleil. Si l'on fait face au sud, dans le rayonnement d'argent qui arrive du fond du ciel, les arbres paraissent fondus en traits d'ombre et en miroitantes lueurs.

Ces jours-là, en pleine soleillée, même si le rayon

paraît chaud, à peine s'il dégèle. La façade qu'on voyait blanche est d'un jaune presque sombre. Et dans ce blanc élémentaire, tout détail villageois prend plus d'importance. — C'est sans doute pour cela que ces paysages de neige où se renversent les valeurs font carte postale et tableau de genre. — A la ferme, la vie s'est rassemblée contre les murs mêmes : les pigeons au bord du toit, les poules devant le portillon, le chien couché en lion à la pierre du seuil, le chat, pattes rentrées et queue ramenée, couché aussi à l'appui de la fenêtre, tandis qu'à la barre des volets sèche une paire de chaussettes brunes.

Que la chouette ait crié près d'ici tandis que tombait la neige et que la flamme à présent monte droite et tranquille dans la cheminée, c'est signe que le temps est bien au froid.

A la nuit, regarde les étoiles : elles seront claires et étincelantes, elles sembleront pulluler, et tu en trouveras d'autres encore, en appuyant le regard, comme une poussière de diamants en éclats, qui ne serait plus que crépitements de points et de rais par l'immense espace nocturne.

Ou regarde la lune, si elle est sortie. Blanche, brillante comme l'argent nu, entourée peut-être d'une lueur d'argent doré, qui semble se perdre par grandes déchiquetures. Sur sa face fourbie, les taches marquent nettement; — on y retrouve l'homme portant un fagot volé, ou Judas avec son panier de choux. Si elle n'est qu'à son quatrième jour et qu'on voie ses cornes finement pointues, on est sûr que le beau temps durera au moins jusqu'à ce qu'elle soit pleine.

MARS
QUAND MARS ENTRE COMME UN MOU-
TON, IL SORT COMME UN LION
11

Mars

Les dictons de mars

Il en va de mars comme de février :

Quand mars entre comme un mouton,
Il sort comme un lion.

Bien qu'on dise :

Neige de mars,
Gelée d'avril,

mieux vaudra donc qu'il arrive terrible.

Neige de mars
Vaut blé en sacs.

Ou encore :

Neige de mars
Vaut un parc,

c'est-à-dire que le fumier que laissent derrière leurs claies les moutons parqués près de la petite hutte roulante, sur les pâturages du plateau.

Les gelées de mars passent pour se répéter en mai. Cependant :

Gelées du mois de mars
Donnent le blé et puis le lard.

Oui, si tu ne vis en bon pays, ne souhaite pas que le printemps arrive trop vite. L'hiver alors, en avril, — en mai peut-être même — a de trop dangereux retours.

De mars, la verdure
Est de mauvais augure.

Les arbres à fruits feront sagement de ne point se hâter de fleurir dans les clos.

Fleur marsière
Ne tient guère.

Écoute ce qu'on dit de l'amandier, le plus prompt, souvent un peu fol :

Quand l'amandier fleurit en février
N'y va qu'avec un panier.

Mais si pour mars il fleurit
Paniers et sacs seront remplis.

Le temps qui n'est pas à souhaiter, c'est le sombre et la brume.

Tant de brouillards en mars,
Tant de gelées en mai.

Gelées blanches, paraît-il, et autant d'orages aussi à la saison chaude. La pluie serait plus malfaisante encore :

Mars pluvieux,
An disetteux.

Et l'on dit, à la paysanne :

Pluie de mars,
Tant vaut pisse de renard.

Elle ne profiterait qu'au chanvre qui n'est plus guère cultivé chez nous.

Plus les rivières s'enflent en mars,
Et plus les chenevières croissent.

Elles ne valent rien, ces journées de pluie, où seul quelque homme encapuchonné d'un sac traverse le pacage inondé, se hâtant sous le rideau en travers de l'averse; et quand cela cesse, un moment, sur la plaine, par là-bas, entre les rangs d'arbres brouillés, des étendues d'eau plate luisent pâlement.

Mais il peut tonner : sauf là-haut dans les Flandres, où tout devant venir tardivement, on dit :

Quand il tonne en mars,
Le fermier enrage.

Partout ailleurs :

Quand en mars il tonne,
L'année sera bonne.

Le vigneron dit, lui :

Quand il tonne au mois de février,
Mets la barrique sur les soliers (supports) ;
Quand pour le mois de mars il tonne,
T'auras du vin à pleine tonne.

Ce même vigneron voudrait mars sec, à ce qu'il semble :

Mars sec et beau
Remplit la cave et le tonneau.

Février remplit les fossés,
Mars doit les sécher,

dit-on encore. D'aucuns, pourtant, hochent la tête :

Mars poudreux,
An malheureux.

Mais d'autres :

Mars poudreux
Rend le bouvier orgueilleux.

A bien voir, les deux dictons s'accordent : le bouvier sera orgueilleux parce qu'il aura beaucoup d'herbe pour son bétail, et l'on sait que les années où l'herbe abonde ne sont pas les meilleures.

Il fait clair, les chemins sont propres. Tout pousse, verdoie, et commence de croître par la campagne. Le beau temps est enfin venu avec la potentille sur les sables du talus et la véronique dans les fossés qui sentent doucement la vase sèche et la verdure neuve. Partout aux carreaux des champs, on laboure :

NEIGE DE MARS
VAUT BLÉ EN SACS
12

N'A PAS FAIT QUI COMMENCE
14

Mars venteux,
Avril rosineux,
Mai poudreux,
Riche laboureux.

On dit encore :

Mars poudreux,
Avril pluvieux,
Mai verseux,
Juin soleilleux,
Paysan heureux.

Oui, c'est à peu près ce qu'on souhaite :

Vent de mars, pluie d'avril, rosée de mai,
Dites-moi ce qui mieux vaudrait ?

Arrivé au bout de son sillon et soulevant l'araire qui grince, tandis qu'il fait tourner ses vaches, le laboureur regarde au loin de légers tourbillons de poudre courir sur la route nationale. Des nuages de beau temps voyagent haut dans le bleu, à la queue-leu-leu, et sous eux, le soleil et l'ombre se poursuivent de côte en côte.

Le laboureur aime voir
La poussière de mars.

Tout ne poussera que trop vite à présent. Là-bas, dans le Bas-Quercy, ils tiennent même, — mais comme ils sont en avance — que :

Bien peu mars vaudrait
S'il ne laissait le seigle épié ou fécondé.

Le jardin

Devant la scierie, le parfum des planches fraîches se mêle à celui d'une lessive, encore lourde sur ses fils de fer, et le vent la gonfle sans pouvoir la faire claquer. De la porte arrive en vapeur une odeur de soupe aux herbes : oseille ou cerfeuil. On a su seulement qu'elle était verte, et qu'elle rapportait, d'une bouffée, tout le printemps. Il y avait des giroflées dans un verre d'eau sur l'appui de la fenêtre.

Ainsi, d'un coup, tout part. On plante encore des arbres à fruits dans les terres humides. On greffe encore en fente, dans les pays un peu hauts, un peu froids. Une bonne précaution, ç'a été de couper le greffon en temps voulu, et de le conserver dans le sable d'une cave, car il faut qu'il soit en sommeil, et l'arbre sur lequel on l'ente déjà en sève. Voilà tout le secret, et du soin, et la main à ça, comme disent les gens.

On taille les pêchers et les abricotiers en espalier environ à la mi-mars; mais cela dépend des régions.

Une astuce pour empêcher les insectes d'aller nicher sur les branches, c'est d'enrouler du carton ondulé autour des troncs, à leur base. Ces galeries semblent aux insectes toutes faites pour leurs larves : ils s'y installent. Il n'y a plus qu'à enlever les cartons et à les jeter dans les feux de tiges sèches, de feuilles mortes, que l'on fait alors dans le jardin. Sur les collines, à côté des terres bien peignées, on voit ainsi brûler par petits tas le chiendent poussiéreux. Et l'on entend le crépitement d'où la fumée jaune, grasse, monte pour bouffer plus en l'air et s'élever, toute grise, avec lenteur. Il n'y a de vert, aux flancs des pentes, dans les prés, que les endroits où sort quelque surgeon de source, peut-être plus tiède que le sol; et pourtant on sait, on sent qu'on est au printemps. Avant le vert de l'herbe, une autre qualité de la lumière le dit, un autre goût de l'air, cette figure de belle saison que prennent les nuages en molles boules. Puis aussi, on voit maintenant le mouvement des pentes et leur relief, aux montagnes du sud, alors que l'hiver on ne distinguait rien qu'une bande de bleu pâle toute sous un poudroiement d'argent.

On multiplie le thym par éclats de racine ainsi que sa sœur la lavande. Si l'on a des bordures d'herbes fines à replanter, il ne faut pas manquer de le faire avant la fin du mois.

On remplace par des griffes d'asperge les plants manquants. On donne un peu d'air aux artichauts; mais ne pas se presser de les découvrir là où les gelées sont encore à craindre.

On terreaute les planches semées. Les carottes hâtives doivent être semées déjà, et les salades, et les oignons. Chaque jardinier a ses secrets; et peut-être aussi que les sols, les climats demandent des procédés différents : tel tapote du plat du piochon ses graines de carottes sans les recouvrir, tel les recouvre d'un lit de cendre, et tel autre sème dans des rigoles d'eau... Il doit y avoir déjà des choux et des poireaux dans la bâche; les radis et les pois doivent sortir aux endroits chauds, mais il est bon de semer encore des pois, de quinzaine en quinzaine pour en avoir quand les premiers seront passés. Alors, si l'on se sent un peu en avance, pour se récompenser, on choisit dans les listes quelques-uns de ces légumes qui amusent l'imagination : le cresson alénois qui parfume les potages, le fenouil de Florence, la pimprenelle, la roquette, la sarriette, la marjolaine, le thym et la rosée.

Mais l'air est pâle et venteux, le ciel blanc luit doucement, le temps va changer. Voici de nouveau qu'il pleut « à plein temps » dans un grand bruit de ruisseau et de gouttières; et c'est presque un soulagement, devant tant de travail au jardin : parce qu'au moins on peut rentrer à la maison, et lire avec une bonne conscience.

Proverbes des paysans

N'A PAS FAIT QUI COMMENCE.

APPRENTI N'EST PAS MAITRE.

FAIT QUI PEUT, DANSE QUI SAIT.

QUI S'ESSAIE SE PAIE.

QUI COMMENCE ET NE FINIT PERD SES PEINES.

PAYON MA LOU CHI QUAND A FA LA VIRADO.
(On ne paie le chien que quand il a ramené la vache.)

RIEN N'EST FAIT TANT QU'IL RESTE A FAIRE.

Chant de la passion

La Passion du bon Jésus
Fait frémir de l'entendre.

Quand Jésus-Christ était petit,
Il faisait pénitence.

Il a jeûné quarante jours
Quarante nuits ensemble.

Au bout de ces quarante jours
Sa vie en fut finie.

Le bon Jésus n'a pris sa croix
Et saint Jean la bannière.

Ils sont allés en procession
Tout le long d'ces charrères.

En leur chemin ont rencontré
Quarante Juifs ensemble.

Et leurs chapeaux et leurs rameaux,
En grande révérence.

Le bon Jésus dit à saint Jean !
— Vous verrez mon corps pendre.

Vous verrez ma tête couronnée
Avec d'épines blanches.

Vous verrez mes pieds et mes mains
Cloués à la croix blanche.

Vous verrez mon côté percé
Avecque une lance.

Vous verrez mon sang s'écouler
Tout le long de mes membres.

Vous le verrez le ramasser
Par quatre de mes anges.

Vous verrez la terre trembler
Et les rochers se fendre.

Vous verrez le soleil monter
Et la lune descendre.

Vous verrez les étoiles tomber
Et se combattre ensemble.

Vous verrez ma mère pleurer
Au pied de ma croix blanche.

Vous la verrez la consoler
Par quatre vierges blanches :

Consolez-vous, Mère de Dieu,
Sainte Vierge Marie,

Votre fils est mort aujourd'hui,
Dimanche sera en vie.

Qui la saura, qui la dira,
Gagn'ra des indulgences,

La saura pas, l'écoutera,
Gagnera les plus grandes.

Après toutes les neiges, et les givres, et les dégels et les mouillures, un mars bien sec, voilà le désirable. Cependant la pluie reste la bienvenue dans ce mois où l'herbe va pointer et briller au vent de toutes ses lames.

Puisse-t-elle seulement ne pas être mêlée de gel, ni de frimas!

Au commencement, à la fin,
Mars a du poison et venin.

Et l'on dit aussi :

Toujours saint Aubin (le 1er)
Nous garde quelque chose en son pépin.

La pluie, sans autre méchant temps, ne gâtera pas la vigne.

S'il pleut à la Saint-Aubin,
L'eau sera plus chère que le vin.

Les fins vignerons recommandent, dans certaines régions, de tailler ce jour-là.

Taille au jour de Saint-Aubin
Pour avoir de gros raisins.

D'autres, en terroir plus tardif, conseillent d'attendre la Saint-Grégoire, le 12.

A la Saint-Grégoire,
Taille la vigne pour boire.

Il en va de même pour la tonte des moutons :

A la Saint-Aubin,
On tond le belin (le mouton) ;
Mais si tu veux m'en croire,
Tonds à la Saint-Grégoire.

Les pluies attendues sont-elles tombées sur l'herbe neuve et le blé vert ? Plaise au ciel que le temps s'élève pour la première semaine de carême :

Lorsque sont secs les premiers quatre-temps,
L'été l'est tout pareillement.

Observe le vent qui se met alors à souffler :

Vent qui prend le dessus aux premiers du carême,
Au long de l'an souvent reste le même.

Et aussi :

Le vent du jour des Bordes
Toute l'année déborde.

Qu'il bouffe tant qu'il voudra, le vent, gonflant, faisant claquer les draps de la lessive sur les cordes tendues entre les cerisiers.

Mars venteux,
Vergers pommeux!

Et tout commence de verdoyer. Ainsi au jardin montent les herbes potagères, au moins dans les bonnes contrées, celles où le coucou est déjà arrivé d'Afrique.

A la mi-mars
Le coucou se cache dans les épinards.

Non, il n'y a encore que quelques salades à prendre dans les planches de terreau. Les bêtes même sont maigres à l'écurie, au bout de l'interminable hiver. Vient le temps de pêcher étangs et viviers.

En carême est de saison
La marée ou le poisson.

Cependant l'abricotier va bientôt fleurir, au mur de la façade. Il ouvrira toutes ses rosaces si blanches et fraîches, et merveilleuses, sur les tortueuses branchettes luisant d'un beau brun-rouge. Sa floraison marque le temps de l'équinoxe.

La Saint-Joseph arrive le 19. Le peuple des campagnes a noté que ces jours sont assez périlleux, pour les gelées qui peuvent alors passer sur vergers et jardins. Quand on voit noircir le cœur jaune de la fleur de fraisier, ou roussir et pendre les pétales de l'amandier, du pêcher, du prunier, cela fait un peu mal.

Saint-Jeusé
Lou trinquaire!

c'est-à-dire le casseur, par qui tout trinque.

On voudrait du beau temps, alors. En aura-t-on?

A Saint-Joseph, beau temps,
Promesse de bon an.

Cependant en ces cantons où l'on cultive le melon, on prétend qu'il faut s'y mettre dès cette date :

Qui veut bonne melonière
A Saint-Joseph doit la faire.

Ne te presse pas trop. On dit aussi :

Tu sèmes tes melons en mars et moi en mai :
J'en mangerai quand et quand té!

Déjà l'hirondelle est apparue et virevolte autour du clocher, tandis que de la place, entre la fontaine et le poste à essence, les gamins la suivent le nez en l'air, criant comme elle.

A la Saint-Joseph,
Va et vient l'hirondelle.

Ce qui est sûr, c'est que voici le temps où la prairie luit comme le satin, et le bois change de couleur, les futaies qui de loin, pour leurs bourgeons, se teintent de jaune, de rose et de roussâtre.

Pour Saint-Jeuso,
On marie les oiseaux.
Pour Saint-Beni,
On cherche les nids.

Saint Beni, Saint Benoît, vient deux jours plus tard seulement, le 21. En bon pays se voient déjà les maisons des oiseaux, aux fourches des branches. Et du bourg même, on entend l'appel du coucou, on ne sait d'où lancé.

Pour Saint-Benoît
Le coucou chante aux bons endroits.
Si pour Notre-Dame il n'a pas chanté,
Il est ou tué ou bâillonné.

Ou encore :

A la Marchesse (25 mars),
Coucou est mort s'il ne prêche.

Notre-Dame de mars, c'est l'Annonciation, qui tombe, comme on sait, le 25.

Si pour l'Annonciation la pluie est là,
Pour toutes les fêtes de la Vierge elle y sera.

Un dicton, même, voudrait faire croire que :

Quand le vingt-cinq mars il gèle,
Il gèle tout le long de l'année.

Dans les montagnes au moins, à la Chandeleur, les prés étaient encore sous la neige. C'est à ce jour de l'Annonciation que, là-haut, ils doivent être nettoyés. Sur leur vert naissant des femmes râtellent les restes du fumier, la paille lavée par les averses, pour en faire des tas qu'on allume dans le vent.

Au vingt-cinq mars
Prés et treilles tu nettoieras
Ou la peau du dos y laisseras.

Désormais, il faut que l'herbe pousse en paix pour monter en foin vert.

Vingt-cinq mars, la pâture
Dans les prairies est défendue.

Il y a plaisir à travailler : les jours sont grands, on peut faire bonne besogne dehors. Fini des veillées d'hiver, qui avaient commencé vers la mi-septembre! Le temps est venu du vrai travail, en champs!

A l'Annonciation, autant de veillées
Que d'ânes à la volée.

Mais c'est le vent qui vole, et la clarté de mars, sur les grands pays verts et bleus, tout rafraîchis, comme si, de soir en soir, ce vent portait plus avant le jour. Dès maintenant on peut se coucher sans lumière.

Le vingt-cinq mars, le compagnon
Rend la chandelle au patron.

Plus encore que le charron ou le charpentier du bourg, le paysan se couche tôt, car déjà il revient des terres, le soir, tout suant et recru de bonne fatigue; et de sa porte, à peine s'il regarde au large de la plaine le temps tourner au beau, avant d'aller dormir, tout plein de son travail, entre les mains de Dieu.

Au mois de mars,
Ne veille pas tard.
Au mois d'avril,
Prie Dieu, va au lit.

La campagne. — Au bord du ruisseau luit étrangement la tranche d'une souche. Elle est mouillée de sève, et aussi rouge que si on venait de la peindre. Des copeaux sort une touffe de pulmonaire aux belles larges feuilles tachetées de gouttes blafardes. Les fleurs en sont rouges aussi, mais d'un autre rouge naïf et mince, de papier d'affiche : celles qui ont trois, quatre jours virent au violet et au bleu (on pense au papier de tournesol, cela achève de prêter à leurs couleurs quelque chose de chimique). Leurs tiges velues, on les sent tendres et gonflées d'eau, toutes cassantes encore.

Un homme sur le chemin mène son attelage de vaches. Dans le tombereau il y a l'araire en bois fendillé, gris d'usure, avec son soc — on le nomme l'aiguille, — si doucement poli sous les rayures des cailloux qu'on aimerait prendre en main cette épaisse lame. Car, sur les côtes, il faut encore l'araire. La pente est trop forte, la motte trop sableuse, une charrue verserait la terre, et aux orages tout coulerait en bas.

L'homme remonte jusqu'au parapet de grosses pierres dont les parcelles de mica brasillent. Sur ses pelotes de mousse, des escargots ont laissé des traînées d'argent. Ici, comme on est en grand air, en grande vue! Des fonds du nord viennent, dans le bleu de l'espace, des nuages à la file. Jamais nuages d'hiver, même sous le soleil, n'ont eu ces ombres-là. Ce sont des îles de velours bleu qui dérivent vite sur une campagne tendue de gris, de jaune, de fauve. Le pays est encore sans verdure, herbes ou feuilles. On le voit tout, chaque métairie, chaque arbre d'épine, et il semble, d'ici, qu'on est partout.

Pas de bruits d'insectes, pas de cri d'oiseau, pas d'autre odeur qu'un faible parfum de terre sèche. Mais quelle liberté de l'air, quelle autre qualité de la lumière; et comme ombres et soleil volent bien dans le vent!

Deux, trois hommes, lentement, labourent. On entend le grincement des araires, perçant et modulé par moment comme un sifflet. Comment comprendre que cela puisse chanter ainsi? Une espèce de chanson qui s'essaie, qui va devenir un air de fifre, mais qui continue tout droit, ou qui s'arrête et repart mal.

Les travaux. — En mars, on sèmera dès le premier le lin, le chanvre, le millet, les avoines, les pois, les lentilles, les lupins, les petits blés et autres semblables mars. On donnera une seconde façon aux guérets qui sont bien amendés et fumés. On sarclera les blés. On plantera les plants d'herbes de pied, comme les artichauts. On dressera plusieurs pépinières de pommes, poires, mûres, et autres fruits semblables. On taillera et déchaumera les vignes et les arbres à fruits. On prendra les greffes pour enter alors que les arbres sont en sève et avant que le bourgeon sorte.

Les signes. — Si le baromètre baisse en période de froid, c'est comme si le thermomètre montait; signe de dégel.

Ou bien si le vent se met au midi. Même s'il n'y a pas de fumées pour que tu voies d'où il souffle, tu sentiras bientôt cela à quelque chose de plus mol et de plus mort dans l'air. Tu t'aperçois que les lointains te viennent dessus, à présent, mais mornes, mais ternes, comme si ce temps plombait d'ennui une campagne sans espoir. Et les bois de pins ou les sapinières tout noirs, sur les côtes, d'un noir rèche d'étoffe, qui fait presque livide le gris du nuage.

Le jour s'est dépoli. Mais le soleil, ce ne sont pas ses rayons qui fondent la neige. Le vent fait tout. Quand il tourne au sud : « Voilà le grand cantonnier de Nîmes », disent les vieux. Ils savent qu'il n'y a que lui pour nettoyer les routes et débarrasser le pays.

S'il ne le fait pas il n'est plus dans la règle. Le temps est vraiment dérangé et il faut s'attendre à du mauvais. Le vent du nord doit apporter le froid, et l'aure, le vent du sud, le chaud. *Aure qui gèle, — bise qui dégèle, — prêtre qui lave la lessive, — et femme qui parle latin, — tout cela fait triste fin.*

Quand le vent a tourné au sud, s'il neige, ce ne sera plus la neige de la bise, celle dont les flocons poudroyants n'en finissent plus de voltiger : si bien qu'un, puis deux, viennent coller à la vitre la découpure blanche d'une étoile. Ce sera la neige à grosses pattes, toute pressée, toute lourde, celle qui fait dire que les anges plument les oies, là-haut. Cette neige-là, succédant à l'autre, marque que le dégel est proche.

Signe de dégel encore, les craquements de la glace sur l'étang. Aussi le soleil, quand il paraît baigné d'eau dans la nue. Ou bien une lune noyée, « la lune qui boit ». Alors, elle s'entoure d'une couronne pâlement roussâtre, comme d'un reflet de lueurs phosphoreuses.

Quelquefois c'est un immense anneau, qui fait que les gens sortent et s'appellent pour le regarder, au-dessus des toits du village. Et plus cet anneau est large, plus le mauvais temps est proche.

Demain, une bourre de brume fumera et glissera lentement dans tous les plis de la chaîne. Les vallées, les fonds, ce qui sera le plus près de la terre même, sera nuage; les rampes, d'un bleu d'ardoise détrempé, à demi perdues dans la blancheur, il n'y aura que les crêtes pour se dessiner en profil sur ces brouillards. Un paysage réduit à son chiffre, dans un monde renversé, parti en léthargie et où la nue a pris la place du sol.

On entend, de loin venues, du côté de la plaine, des cloches qu'on n'entendait pas d'ordinaire. Les pies se posent plus près de la ferme, sautillant, hochant leur queue. Le coq a crié et a battu des ailes, à la veillée.

Autres signes de dégel, sans parler de la fumée rabattue qui pique les yeux, ou de la porte qu'il faut pousser de l'épaule parce que son bois gonfle : les dalles qui suent au fond de la cuisine, le sel qui devient tout mouillé, les plaques de suie qui dégringolent de la cheminée; les étincelles qui partent de la lampe ou de la bougie et un champignon se forme sur la mèche.

Les gouttes commencent de taper, creusant des

puits clairs dans la rigole, aux graviers lavés sous le toit sans chéneau. De ce toit, ou d'une rame de sapin qui se relève et balance croule d'un coup une galette de neige pourrie qui s'écrase en giclant.

Au fossé, la goulée dégorgée d'une galerie de taupe, ou sautant d'une rigole, tombe toute hoquetante et gargouillante. Au barrage, sur la rivière, le courant jaune mugit ; il arrive furieux, d'une masse, il lance ses vagues, une grosse, une moins grosse, des vagues qui vraiment sautent en l'air, se détachant du flot avec leur écume sale. Et ce bruit d'eaux courant, roulant, fluant, fuyant, couvre toute la montagne, comme la brume jaune qui est partout, qui noie tout. Chaque maison semble plus vieille, plus écartée au fond des terres. Parce qu'il n'y a plus à voir de la porte qu'une file d'arbres noirs, ruisselant, sur les prés gorgés où demeurent encore des carapaces de glace noire aux bords détachés ; mais où déjà dans un creux, sous les minous argentés du saule, se hérisse à poignées une herbe fraîche incroyablement verte. Seulement cela, dans un monde étouffé, bouché, en attendant que le printemps ouvre l'espace.

RIEN N'EST FAIT, TANT QU'IL RESTE A FAIRE
15

LE PRINT

MPS

Avril

Les dictons d'avril

Ce mois tant aimé des faiseurs de chansons, si l'on en croit les gens de campagne, devrait être pluvieux.

Pluie d'avril
Vaut char de David.

Ils disent :

Pluie d'abrieu (avril),
Sécheresse d'étieu (été).

et l'on sait que les années sèches sont les bonnes années.

Avril pleut pour les hommes,
Mai pour les bêtes de somme.

C'est-à-dire que les pluies d'avril donnent le grain et celles de mai du fourrage. Quand les colzas sont en fleur, d'un jaune bien frais, bien vif, entre les prés neufs et les blés de soie verte, on aime ces temps couverts, où de vastes nuages, d'un doux gris sourd, peu à peu s'étendent sur le pays. Il fait tiède. Loin, dans le soir, les grenouilles chantent, toutes ensemble, sur le bord d'une mare, derrière les haies déjà feuillées. Et plus loin encore sur la chaîne qui barre le sud, court un faible roulement d'orage. Il y aura du pain, il y aura du vin :

Tonnerre d'avril
Ouvre ton baril.

Bénis soient ces temps nuageux qui préserveront du gel :

Sombre d'avri,
Sombre joli.

C'est que ce mois est encore bien redoutable.

Quand avril en fureur se met,
Pas de pire mois dans l'année.
Avril le doux
Quand il se fâche, le pire de tous.

Il y a des jours où le soleil tape si gaillardement qu'on ne peut plus croire à l'hiver. On est tenté de se débarrasser de tous les tricots, de serrer les lainages au fond de l'armoire.

En avril
Ne te dépouille d'un fil.

Les pluies rafraîchissent vite le temps et il faut compter sur des pluies. Le maître de domaine sait qu'ainsi il ne doit pas espérer mener encore ses vaches à la pâture.

Qui ne garde foin pour les pluies de l'avril
Ne mène pas bien son fenil.

En ces jours moites, tout semble pousser à vue d'œil. Ne t'y fie pas.

Bouvier, quand tu vas au fenil,
Souviens-toi que le mois d'avril
N'est pas cousu de trop bon fil.

La mauvaise saison, la crois-tu tellement loin?

On n'est pas sorti de l'hiver
Qu'avril ne soit laissé derrière.

Tu ne t'en tireras pas si vite sans giboulées ni bourrasques.

Il n'est si gentil mois d'avril
Qui n'ait son chapeau de grésil.

Au vrai, c'est peut-être le simple restant de la lunaison commencée le mois précédent?

La lune de mars
En avril est fraîche.

Cependant, on ne pense pas beaucoup de bien de la lune d'avril non plus :

L'hiver n'est jamais achevé
Que la lune d'avril ne nous ait houspillés.

Et quelquefois à notre grand dommage!

Neige d'avril dévore le blé
Comme bœuf le ferait.

On sait comment se nomme cette lune : de toutes la plus à craindre :

L'hiver n'est terminé
Que quand la lune rousse a décliné.

Les grands poiriers de plein vent, les griottiers, les bigarreautiers, les pruniers de reine-claude et de mirabelles sont comme d'énormes bouquets, sortant du foin déjà haut, et les pommiers commencent de prendre fleur. Au-dessus des vergers, c'est beau, cette lune nue, éclatante, pacifiante, dont on ne peut plus détourner les yeux. Seulement, gare!

La lune d'avril nouvel
Ne passe pas sans gel.

Un gel qui roussira les fleurs, les jeunes feuilles, les pointes de l'herbe et du blé.

Les gelées de la lune rousse
Ruinent la plante par la pousse.

Et l'on dit encore :

Récolte n'est point assurée
Que lune rousse ne soit passée.

C'est elle, la terrible, celle qui succède à la lune pleine ou déclinante pour Pâques, — Pâques tombant au dimanche qui suit la pleine lune d'après l'équinoxe de printemps.

FLEUR D'AVRIL, TIENT PAR UN FIL
17

AVRIL FAIT LA FLEUR
MAI EN A L'HONNEUR
18

La lune rousse donne tout
Ou bien elle ôte tout.

Ce qu'elle met au monde, elle le nourrira,
Ce qu'elle y trouve, elle l'étranglera.

Et l'on ajoute :

Si elle ne donne du pied,
Elle donne de la tête.

Aussi est-il à souhaiter que l'année ne se presse pas. Il est des jours doux, tout blancs, tout tièdes où l'on sent que les graines s'ouvrent dans la terre chaude, au long de l'espalier parcouru d'un premier lézard; où le jardin sent le cerfeuil et la jacinthe, et le chemin, le soir, après l'ondée, l'églantier vert, un parfum meilleur encore que celui de l'églantine. Le danger, c'est que tout parte trop tôt.

Fleur de février
Ne va pas au panier.

Fleur de mars,
Fruit ne mangeras.

Fleur d'avril,
Tient par un fil.

La chaleur viendrait mieux plus tard.

Avril froid pain et vin donne,
Tandis que mai froid les moissonne.

Ce mois prépare tout, même quand il ne semble pas s'épanouir.

Avril fait la fleur,
Mai en a l'honneur.

Tout change et se renouvelle. Les bêtes perdent leur bourre d'hiver.

Au mois d'abriol
Toute bête change de piol (poil).

On va enfin oser croire au beau temps.

Au mois de mars,
L'hiver part.

Au mois d'avril,
Le chaud arrive.

Et encore une fois ne te plains pas si la pluie assombrit la campagne.

Il faut qu'avril laisse mares et fossés
Tout pleins à mai.

Le jardin

Que dès les premiers jours d'avril, tout le jardin soit en grand ordre : les allées ratissées et nettes, les gazons fauchés, les plates-bandes travaillées, les plantes vivaces divisées et nettoyées, les plantes annuelles semées sur place.

On continue à semer toutes sortes de légumes de pleine terre, comme oseille, poirée, persil, cerfeuil, la ciboule et la ciboulette, l'oignon blanc, l'oignon rouge. Les potirons, dit-on, le vendredi saint, peut-être parce que la graine risque moins que les autres d'être emportée par les grands vents de la semaine sainte. Des vents qui ronflent dans les branches grenues de bourgeons, tirant haut, là-haut, l'un après l'un, comme une queue de cerf-volant, des nuages blancs, légers, vite déchirés, et en un moment disparus dans le bleu du temps clair.

Sous les châssis vitrés de la bâche, on sème le cardon, le céleri et certaines chicorées et laitues. Ainsi aura-t-on des plants prêts à transplanter en mars.On peut déjà manger les premières pousses du crambé maritime poussées à l'ombre d'un pot renversé, ce n'est pas tellement succulent, mais cela amuse l'imagination. On plante la vitelotte, qui fera pomme de terre nouvelle, l'igname de la Chine, qu'on ne récoltera jamais tout, tant il sait bien s'enfoncer, et les grosses troupes de pommes de terre diverses, pour la friture, pour la soupe, pour les bêtes.

Étêter les petits pois et les fèves; découvrir les artichauts, les œilletonner et faire à chaque pied un petit bassin qui retiendra l'eau, quand on les mouille.

C'est le temps de planter les fraisiers, et de couper les fils qui partent des vieux plants.

Les primevères aux couleurs si fraîches sont en fleur, par pelotons dans les vergers; et les pourpres à anneau d'or éclatent parmi celles qui sont couleur de lait, couleur de crème, couleur de beurre et couleur de brie. Comme l'herbe brille bien, avec à chaque brin une pointe de lumière. Un coup de vent traîne une écharpe de pétales pour avoir traversé les cerisiers. Les lilas vont se peindre de tous les tons de la cendre au carmin, et souffler bientôt leur haleine délicieuse. La glycine, tordue contre le vieux mur, avec ses vrilles en arabesques, et gonflée de bourrelets sur les fils de fer qui la coupent, les faux ébéniers, l'arbre de Sainte-Lucie, le forsythia, le cytise aussi, qui fait si bien de son jaune vif contre le rose vif de l'aubépine double, tout va prendre fleur, et l'enclos même a une odeur de bouquet.

Mettez en terre les boutures d'œillets, de chrysanthèmes; en pot l'amaryllis et la tubéreuse. Plantez les oignons des glaïeuls, de semaine en semaine, de façon à espacer la floraison. Et les dahlias, les cannas, — un peu tôt encore pour faire affronter le plein air aux bégonias, qu'on multipliera en bouturant les pousses, — si toutefois on aime ces fleurs aux noms peu chrétiens, qui s'accordent assez mal avec les fleurs autrement fines des vieux parterres.

Dès que les arbres sont en sève, on greffe en couronne. On achève les marcottes. On pince les greffes en fente sur poiriers, pommiers et pruniers. Et l'on n'oublie pas d'arroser les jeunes arbres plantés à l'arrière-saison.

Il faut faire la chasse aux chenilles, dont les nids grouillants en coton sale se laissent facilement repérer dans les branches encore nues. Il paraît qu'elles nichent de préférence dans les fusains qui peuvent ainsi leur servir de pièges.

Celui qui possède aussi des terrains à boiser, sème en ce temps les résineux dans sa pépinière. Là-bas, au-dessus des bandes jaunes des colzas, et des carrés en vert froid ou brun rose que parsèment les petites meules de brume des cerisiers, sur la montagne mouillée, regarde les cantons forestiers : leur bleu fumeux et sourd donne comme une fourrure l'impression d'épaisseur velouteuse. Tu voudrais quitter les jardins pour les bois; mais demain, contre le bleu merveilleusement fin du ciel, tu reverras les hauteurs poudrées à neuf, découpées d'éclatantes clairières blanches sous le grésil et cette neige d'avril que les gens nomment la neige du coucou.

Proverbes des paysans

QUI PARLE SÈME; QUI ÉCOUTE RÉCOLTE.

DIRE ET FAIRE FONT DEUX.

LA LANGUE N'A POINT D'OS.

LONGUE LANGUE, COURTES MAINS.

CONSEIL EST BON, AIDE EST MEILLEURE.

A CHOSE FAITE, CONSEIL EST PRIS.

BIEN DIRE
FAIT RIRE.
BIEN FAIRE
FAIT TAIRE.

Chanson du porte-enseigne

Les quatre premiers jours d'avril,
Les jeunes gens sont tous partis.
Ils sont partis pour l'Angleterre
Pour aller commencer la guerre.

On a tiré un coup de canon
Pour rassembler le bataillon.
On l'a tiré d'une manière
Qu'on a blessé le porte-enseigne.

— O porte-enseigne, ô mon ami,
Ça te fâche-t-il de mourir ?
— C' qui me fâche dans ce monde,
C'est de mourir sans voir ma blonde!

— Si c'est ta blonde, mon ami,
L'on la te fera bien veni!
On l'enverra vite cherchéye
Par quatre-z-officiers de guerre.

De si loin qu'il la voit venir,
De pleurer s'en peut pas tenir.
— Approche, approch' beauté charmante,
Car ma blessure m'y tourmente!

— Galant, si je pouvais t'guérir,
J'engagerais ma chevelure,
Mon anneau d'or et ma ceinture,
Galant, pour guérir ta blessure!

— Mi-e, n'engage rien pour moi,
De ma blessure guérirai pas!
Cette blessure est trop profonde,
Faut aller voir à l'autre monde!

Eh bien, ce mois aussi doit arriver mouillé.

Premier avril, il faut que le pinson
Boive au buisson.

Mais n'arrivera-t-il pas tout en frimas encore?

Qu'avril emprunte seulement
Trois jours à mars, ces trois jours sont méchants.

Tout le mois, par-delà, on pourra revoir les giboulées filant comme des ânes gris le long des collines.

Moi d'avri
Fait couri
Ses ânes gris
Jusqu'à Paris!

Partout cependant le printemps part. De grand matin les oiseaux le saluent dans les lilas, les tilleuls; et tout le long du jour tu dois entendre le coucou au cœur de la forêt, où les pousses se gonflent.

S'il vient tôt, alors que les arbres n'ont pas encore de feuilles, c'est bon présage :

Quand le coucou arrive déshabillé,
Peu de paille, beaucoup de blé.

Attends-le vers le 10 :

La semaine sante
Le coucou chante !
Le dix d'avril
Il chante mort ou vif.

Son appel, dont on ne sait s'il est triste ou narquois, a toujours intrigué les gens.

Il tarde de l'entendre : car dès lors, c'est le temps doux, où, s'il arrive une giboulée, elle est tout de suite essuyée par le soleil.

Au temps où chante le cocut,
Sitôt giflé, sitôt essut (séché).

Est-ce à cause des pluies d'avril, plus courtes, qui glissent, qui fuient dans les airs mouillés, des mares moins en eau et plus en bourbe? On dit avec un sourire :

Au dimanche des Rameaux
Les grenouilles tournent crapauds.

Ce dimanche est de grande remarque.

Quand il pleut sur le rampan (le rameau),
Il pleut sur le volant (la faucille).

Mais cela va même plus loin que la moisson :

Le vent pour les Rameaux bénit
Toute l'année souffle et s'ensuit.

Oui, le vent que le prêtre bénit, ce matin-là, lorsqu'il sort sur le parvis et qu'on ferme sur lui la porte.

Cette semaine, du reste, est le temps des grands vents, tout turbulents à travers les espaces, soit gris, soit bleus.

La semaine sainte,
S'il pleut ou vente, n'aie crainte,
Autrement ne serait sainte.

La giroflée et l'herbe aux verrues tremblent entre les pierres du vieux mur. Le vent gifle les pièces de lessive qui blanchissent d'un tilleul à un tilleul. Il bouscule, il fait chavirer les hirondelles arrivées d'hier, qui crient par là-haut. Et plus haut encore, il s'entonne dans un nuage qui vient, seul dans le ciel, lui arrache des touffes qui se dissipent, l'élargit, l'amène droit au-dessus de la colline, pour l'emporter on ne sait où dans la lumière.

Quand il pleut le jeudi saint à la sereine,
La moitié du foin se fène (fane).

Jeudi ou vendredi, il doit en aller pareillement :

Le vendredi saint s'il pleut,
Le bœuf rit, le cochon pleure.

Cela signifie qu'il y aura de l'herbe, provende du bœuf, mais non, provende du cochon, du son, des pommes de terre. En ce temps où les cloches sont parties, les hommes ne touchent pas la terre ni n'attellent les vaches, et les femmes ne lavent pas. Du moins, c'est la loi en certains cantons.

Que la pluie tombe, il n'en peut aller autrement le jeudi, le vendredi : mais qu'au dimanche, le soleil sorte! Cela étendra le soleil sur toute l'année.

Pâques élève toujours le temps.

Sinon la pluie ne cesserait plus. Les uns disent bien :

Pâques pluvieux,
Blés graineux.

Mais les autres :

Pâques mouillé,
Épiage avorté.

Ce qui est vrai pour tout pays, c'est que :

Veillées et sermons
A Pâques passent de saison.

Si la ménagère s'éclaire pour préparer le repas du soir, elle est en retard sur la besogne et dans son tort.

Après Pâques la cuisinière
Paie la lumière.

Et dès que les espaliers sont roses, la vieille doit renoncer à filer à la chandelle.

Lorsque la pêche est en fleur,
Mets ta quenouille au coin, fileuse.

Quelque temps qu'il ait fait, les merles auront alors leur nichée.

Merle ayant bien passé l'hiver,
Pour Pâques aura ses petits merles.
Mais qu'il l'ait bien passé ou non,
Pour Georges, il a ses merletons.

La Saint-Georges, c'est le 23 :

Saint Georges
Met l'épi à l'orge
Et la fleur au lin.

En terroir froid, là où la bise fait serrer les épaules de l'homme qui plante ses pommes de terre, couche les fumées des tas de chiendent et pousse le gris des nuages, les choses ne vont pas aussi vite.

A la Saint-Georges,
Sème ton orge;
A la Saint-Marc (le 25),
Il est trop tard.
Pour la Saint-Robert,
Qu'il soit couvert.

Cependant, là même les colzas sont en fleur, couleur de froid soleil, entre les bandes roses, les bandes vertes; et les cerisiers aussi sont en fleur, les gros cerisiers qui luisent, rangés aux talus des champs en terrasses, sur les montagnes :

Quand il pleut pour la Saint-Georges,
Du cent de cerises, il s'en sauve quatorze.

Autant de Saint-Marc, le surlendemain, sur les prunes de Damas, et de Myrobalan, les reines-claude et les mirabelles :

Quand Saint-Marc n'est pas beau,
Pas de fruits à noyau.

La pluie ! Ce pourra être du grésil, voire de la neige.

Entre Georges et Marquet
En un jour l'hiver se met.

Même au milieu des haies qui verdoient, des arbres qui commencent de déplier leurs pousses et des prés si drus, si vifs, tout semés de boutons d'or, il y a là un moment où les retours de froid sont à craindre :

Gelées
de Saint-Georges, Saint-Marc, Saint-Robert,
Récolte à l'envers.

Heureux encore, si seules les cerises sont en hasard ! Les blanches, les roses, les noires, les petites transparentes, qui fondent dans la bouche, et les grosses cerises de cœur, d'un cramoisi qui tourne à l'incarnat, toutes, pourtant, qu'elles sont bonnes !

Saint-Eutrope mouillé (le 30)
Estropie les cerises.

Mais c'est encore bien plus vrai des pois, et ceux qu'on plante ce jour-là pousseront tout tortus. Si tu ne veux pas le croire, ce n'est pas matière de bréviaire.

Ainsi s'achève le mois. Et malgré les rafales, les averses, le grésil, voire la neige, qui voudrait en penser du mal?

Avril a trente jours.
Si trente et un il en avait,
Personne ne s'en plaindrait.

La campagne. — Au milieu du pré, le ruisseau mène son bruit soubresautant où soudain s'abattent les plongeons de deux, trois grenouilles. Des soucis d'eau d'un or éclatant, comme vernissé, tirent l'œil. Et leurs feuilles rondes font plus gras, parmi l'herbe hérissée, si fraîche, si vive.

La bonne femme arrive, une serpillière sous le bras, et la faux à l'épaule. « Vous êtes bien la première du pays à faucher, vous! — C'est qu'une poignée d'herbe fait tant de plaisir à mes vaches. » Elle s'excuse de bousculer la bonne règle, et rit, ceinte d'un tablier rapiécé à grands carrés, d'un bleu blanchâtre comme ce ciel. Mais aussi c'est que le temps est en retard, cette année; elle l'en accuse du moins et jure que tout se détraque, même les saisons. Elle est descendue par le pré vers ces places d'un vert plus tendre déjà mordues au ras par sa faux. « Enfin, il faut espérer que ça tournera en mieux! Si ce soleil donnait, ça la mènerait vite, l'herbe. » Ainsi, revient-elle aux réalités après les considérations générales, donc sans importance.

C'est vrai que tout pousse par ces journées tièdes, au blanc du soleil. Les cerisiers sont tout gris de bouquets et dans les remous d'air passe une odeur molle de colza en fleur, de sève et de vase.

Une vieille, du côté du pont, arrache au talus quelques poignées d'herbe pour sa chèvre... Ou peut-être a-t-elle simplement des lapins qui reniflent de loin le goût de la verdure fraîche?

Le voisin a entendu les propos de la faucheuse. Il approche de derrière une haie. Un grand sac est là, à demi affaissé. Il plante ses pommes de terre. Mais il tient à parler. Nous parlons de tout ce qui va mal de par le monde.

Pendant ce temps, la fille courbée, traîne son panier et place les quartiers coupés dans la raie, à la juste distance l'une de l'autre, c'est-à-dire à la longueur d'un sabot.

Il faut que tout se fasse. Il faut qu'il y ait des gens qui n'aiment s'occuper que des besognes les plus proches. D'une douzaine de pins espacés sur un talus vient un crépitement comme celui du feu au ralenti : ce sont leurs pignoles qui craquent à la chaleur. Dans un tournoiement blond, des graines en descendent, que des oiseaux, d'une curieuse danse, happent au vol. Chaque cerisier s'entoure d'une zone bourdonnante d'abeilles. De cette zone, jusqu'à la barre de collines couleur de violettes, où le tonnerre lointain roule faiblement, toute la campagne d'avril est en travail.

Les travaux. — En avril les prés devront être nets de fumier, les semailles et les plantations achevées. On plantera les pommes de terre. On taillera la vigne nouvelle, car en ce temps elle endure la taille plus légèrement. On entera le figuier, le châtaignier, le cerisier. Il conviendra de donner à manger aux pigeons, parce qu'en ce temps ils trouvent peu aux

Pendant ce
la fille coup
panier et plac
dans la raie, à la juste distance
dire, à la longueur d'un sabot

son
quartiers coupés
l'autre, c'est à

champs. On accouplera les chevaux, les ânes, les béliers avec leurs femelles.

Les signes. — Si le temps est clair et le ciel découvert sur le soir en ce mois d'avril le dommage est à craindre.

Certains jours, la nuée, du même gris à peine fauve que le terreau des jardins, semble toute faite de vapeurs. Soulevées, rebroussées, en traînées, se tenant et s'emmêlant, elles passent là-haut en un seul nuage qui glisse sur le large du pays. La bise file avec son bruit qu'on dirait d'un train lointain dans la plaine. Sous elle, les taillis, les étangs frissonnent, secoués d'un gros tressaillement, et à son odeur sèche de racine se mêle le parfum des feux de chiendent allumés au coin des terres. On ne sait trop si c'est le bleu de l'air qui est proche — que grandissent encore cette vive fureur et la brume où les confins se perdent sera balayée, — ou si les giboulées vont se succéder en longues écharpes blanches glissant de biais devant la crête des montagnes.

Quand trois grosses giboulées sont tombées, parmi les autres, qui ne durent qu'un moment, tu peux être sûr que c'est fini pour la journée. Mais

Ne dis pas l'hiver achevé
Que la lune d'avril ne t'ait fait endéver.

Il arrive bien encore que le temps se mette à la vraie neige, celle qui tombe à flocons larges comme des feuilles. On nomme cette neige d'avril la neige du coucou. Le coucou vient d'arriver. On l'entend chanter dans les bandes de bouleaux qui sous la montée de la sève, de toute leur crinière de ramilles, deviennent là-bas du même violet que les orchis dans les prés neufs. — Le vrai signe que le temps est pris et tourné à la neige pour tout le jour, ce sont les brouillards qui suivent les bois, les chasseurs, comme on dit, qui courent sur les rampes à mi-flanc des monts.

Puis le temps s'éclaircira. Reparaîtra la montagne étonnamment pure, d'un grain blanc tout frais, tout éclatant contre le ciel tout bleu. Reviendront les tombées de grésil, en perles de verre, de glace, le crépitement du grêlon candi, rebondissant sur les planches de jacinthes et de tulipes. Pareille aux dragées d'un baptême des contes, une étincelante grêle pour enfants qui fait dire aux gens que le bon Dieu s'est mis parrain. Reviendront le soleil, ce bleu de soie bleue, cet air si net, si nettoyé qu'on sent décanté tout à neuf des brumes de l'hiver.

Est-ce bien le temps clair qu'on souhaite?

Le jardinier, le cultivateur, les soirs, se haussent, cherchant le vent, essaient de voir ce qu'il apporte du fond de l'horizon. Ils espèrent encore que le ciel se couvrira. C'est le moment des bourgeons et des pousses : la gelée peut faire tant de mal. Et la gelée vient avec le temps clair.

Cependant, ce que les jardiniers craignent, alors, c'est moins la froidure que le brillant de la lune. Ils assurent que par des nuits également froides, l'espalier en fleurs sera gelé ou non selon que la lune brillera ou ne brillera pas. Si elle brille, les bourgeons saisis roussiront; les pétales blancs, les feuilles tendres paraîtront cuits comme par un feu;

et pour cela, cette lune d'avril, de toutes la plus retoutable, a été nommée la lune rousse.

Les jardiniers, donc, prétendent que sa lumière même grille les fleurs, les jeunes feuilles. De fait, quand la lune brille de toute sa clarté — cette clarté qui sans éveiller les couleurs est comme une immense netteté dans sa lueur de tranquille silence, — oui, quand la lune brille ainsi, il n'est pas besoin que le thermomètre descende au-dessous de « glace » pour que les plantes roussissent. Par une nuit plus froide, pourvu que la lune reste brouillée, le dommage ne sera pas comparable. Comme si c'était moins la gelée qui gelait les bourgeons et les fleurs que les rayons mêmes de la lune...

Faut-il croire, comme on l'a cru longtemps, qu'ils brûlent, morfondent, enrhument? Qu'ils sont chargés d'on ne sait quels ultraviolets maléfiques?

Les physiciens disent que quand la lune brille toute nue, que le temps est d'une sérénité absolue, c'est que l'atmosphère après une journée fraîche et sèche est sans aucune humidité : alors les plantes, les corps à la surface de la terre perdent énormément de chaleur par rayonnement nocturne. Leur température arrive dans la nuit à se trouver de six, sept degrés plus basse que celle de l'air; et les plantes peuvent geler même sans qu'il gèle. Quand l'air est un peu épais, humide, la perte de chaleur n'est plus aussi à craindre. Tout dépend donc de la netteté de l'air dont la lune est le témoin éclatant, mais n'est que le témoin.

Le vent clair afflue, claquant et enflant de son haleine les lessives suspendues dans les enclos. Les draps blanchis à neuf bondissent au-dessus des plates-bandes où des branches d'épines protègent les semis. Et les noisetiers secoués laissent sortir le pollen de leurs chatons en petits nuages de soufre. Les signes qu'on cherche, alors, dans le ciel, ce sont ceux de ces journées blanches, douces, où les crapauds chantent par intervalles dans leurs petites caves au pied des murs, là où les graines tiédissent, s'ouvrent, et où les courtes verdures serrées et mordorées des rosiers, des angéliques, ne portent pas encore d'ombres sous le soleil amorti.

Mai

Les dictons de mai

Les jours sont longs, maintenant, et celui qui rentre le soir, la houe à l'épaule, ayant travaillé d'un angélus à l'autre, ne pense qu'à manger sa soupe, fermer la porte et prendre son somme.

Quand le mois de mai verras venir,
Barre la porte, va-t'en dormir.

Mais sur le temps qu'on voudrait, il est malaisé de s'entendre.

Au mois de mai
Faudrait qu'il ne plût jamais,

disent les uns; et ils ajoutent :

Mai clair et venteux
Fait l'an plantureux.

ou encore :

Avril pluvieux,
Mai venteux,
Ne font pas l'an disetteux.

Venteux? N'y compte pas trop :

En mai, crois-moi,
Le vent ne court guère sur les toits.

Enfin, doit-il pleuvoir?

La rosée de mai
Fait tout beau ou tout laid.

La plupart des paysans redoutent la sécheresse :

Dieu nous garde des fanges d'août
Et des poussières de mai surtout.

Ils désireraient que ce fût tout au rebours :

En mai la boue,
Épis en août.

On disait déjà : *mai verseux.*

De mai chaude et douce pluie
Fait fleur belle et riche épi.

Non pas l'épi seulement, mais le foin :

S'il ne passait point jour de mai sans goutte
Le bouvier n'en mangerait pas plus pauvre soupe.

Car la pluie alors, c'est du fourrage, et le fourrage de la crème dont blanchir la bonne soupe aux légumes, pommes de terre et côtes de choux mêlées, où la cuillère se tient plantée droite dans l'écuelle. De la sorte que, quoique certains disent :

Pluie de mai grandit l'herbette,
Mais c'est signe de disette.

bouvier, laboureur, tout le monde serait content de voir tomber sur les feuilles tendres les fondantes averses qui tiédissent l'air.

Petite pluie de mai
Rend tout le monde gai.

Et même quelque orage sera le bienvenu, car la grêle n'est pas encore à craindre :

Quand il tonne en mai
Vaches ont du lait.

Beaucoup souhaiteraient carrément la chaleur dès à présent.

Plus mai est chaud,
Plus l'an vaut.

Du mois de mai la chaleur
De tout l'an fait la valeur.

Mais d'autres ont le nez plus fin; ils disent :

Avril frais et mai chaud
Comblent la grange jusqu'en haut.
Mai froid et juin chaud
Comblent le grenier jusqu'en haut.

A toi de voir maintenant si tu le souhaites chaud ou froid. Le foin pousse jusqu'à ce que la faux le taille; le grain dépend de la façon dont le blé a levé, dont il a fleuri.

Mai
Fait le blé,
Juin
Fait le foin.

On dit aussi :

Mois de mai,
Le froment naît.

Il devrait être formé pour la fin du mois, dans les pays tardifs.

Assez peu vaudra le blé
Si mai ne le laisse épié.

Car alors tout monte à vue d'œil :

Qui en avril voit ses guérets
Les cheveux s'en arracherait.
Mais quand en mai il y retourne,
Deux fois plus hauts il les retrouve.

Il en va de même des oignons :

Au mois d'avril,
Plante l'oignon comme un fil.
Au mois de mai, regarde si tu veux :
Il sera gros comme un pieu.

Ce n'est pas qu'on en ait sûrement fini avec les froidures :

Le mois de mai
Est frais et gai.

A ce moment de l'année, quand les arbres ont chacun leur vert à eux, celui du hêtre plus vif, celui du bouleau plus cendré, celui du tilleul plus moite, et le noyer n'a encore que des pousses couleur de giroflée, à ce moment, souvent le temps se fait nébuleux, un peu âpre.

Telles brumes en mai sont
Telles pluies en août seront.

Cette fois, l'année va prendre le bon ou le mauvais tournant.

Mai fait
Ou défait.

La fleur qui a tardé à s'ouvrir ira à fruit :

Fleur de mai
Il faut s'y fier.
Bourgeon de mai
Remplit le chai.

A plus de chance de venir à bien ce qui a eu la sagesse d'attendre :

Quand le vin naît au mois d'avril,
Il remplit tonnes et barils,
Mais quand il naît au mois de mai
Il les remplit mieux que jamais.

A L'ASCENSION
DERNIER FRISSON
22

MIER JOUR DE NOCES QUAND J'M'EN FUS COUCHER. ELLE M'GRIFFA LA GUEULE
CHANSON DE LA FEMME DE MAI
24
NE PRENEZ PAS FEMME DANS LE MOIS

23

J'ENTENDS LE COUCOU MAILLE DOUX. LE
J'ENTENDS LE COUCOU MAILLE MAILLE
MAI, MOI J'EN AI PRIS UNE, J'EN SUIS
25

Car le soleil a pris sa force, à la fin :

Chaleur de mai
Verdit la haie.

Les soirs même, quand il arrive au ras des montagnes rouge comme un fer rouge, et que l'air est tout rose, tout plein de cris d'hirondelles, il fait bon, l'espace semble immense.

Au mois de mai
Manteau jeté.

Cependant le vieux peuple des champs tient que les bêtes qui naissent alors seront toujours de maigre vie et feront pauvre fin :

Tout ce qui naît au mois de mai,
Prends-le par l'aile, envoie-le en l'air.

Peut-être parce qu'on croit qu'il faut que toute créature ait alors comme une poussée de fièvre :

Qui a la fièvre au mois de mai
Sera pour tout l'an sain et gai.

Le jardin

En mai, il faut tout remuer, disent les gens. C'est vrai qu'il faut partout désherber, gratter, biner, sarcler, éclaircir aussi où la pousse est trop drue, là par exemple où le feuillage des carottes ne fait qu'une touffe.

Tout lève si vite en ce mois. La terre semble avoir la fièvre.

L'herbe monte, la feuille s'ouvre, si neuve et fraîche. Et l'odeur des cerisiers tout blancs, tout épais, qu'enveloppe un bourdonnement innombrable, le vert hérissé des prés pleins d'oseille sauvage et de boutons d'or, le roucoulement du ramier aussi énigmatique que le chant du coucou au fond des bois, — le sommeil au loin des collines qui bleuissent d'une sorte de vaporeux bleu électrique, tandis que s'abaisse, de plus en plus rougeoyant, le soleil de sept heures, tout cela compose un charme fait à la fois d'assoupissement et d'attente. L'haleine du vent est si faible qu'on voit une chandelle de pissenlit se défaire comme tirée par un fil, ses graines emplumées se suivant l'une l'autre dans ce qui est à peine un souffle d'air.

En ce grand moment, pas une parcelle ne doit

rester inoccupée au jardin. Il faut donc semer tous les légumes qui poussent dans le pays, toutes les graines potagères qui ne l'ont point été en mars-avril. Ainsi des haricots qui sont tendres à la moindre gelée, — faire alors tout ce qu'on veut récolter comme haricots secs; pour ce qui est à manger en vert, mieux vaut échelonner de quinzaine en quinzaine. Les laitues, les épinards, le cerfeuil montant vite en graine, on sèmera souvent et peu à la fois. Au potager, outre les radis et les asperges, les artichauts et les salades, tu as maintenant les petits pois, les fèves, les cardes, les choux, — chou d'York, chou cœur de bœuf, chou pain de sucre, chou marin et chou brocoli. Ne pas oublier de semer les choux d'hiver et, sur couches, les choux-fleurs.

Comme les nuits sont encore fraîches, qu'il y a les saints de glace, et qu'il peut même geler jusqu'à la Saint-Urbain, mieux vaut arroser le matin. Il fait bon se lever tôt, alors que les roues des araignées sont encore blanches de rosée entre les rosiers chargés de boutons. Si bon se promener le sécateur en main, dans l'allée bordée de thym ou d'œillets blancs, au long des espaliers. C'est beau de guider un arbre et de bien l'offrir au soleil. Les branches des pêchers qui n'ont point conservé leurs pêches, les rabattre alors tout de suite, afin que la branche de remplacement en prenne plus de force. Ne souffre aucune branche d'espalier derrière les fils de fer : elles seraient embarrassantes quand on viendrait à tailler, et les fruits grossiraient mal. Il est encore temps de couronner les pêchers pour les tenir bas, et leur faire pousser de la brindille, les fruits ne venant que sur les coursonnes. Faute de quoi le jet s'emporte et consomme inutilement la sève de l'arbre. De même on pincera le maître-jet de la greffe en fente.

On dit que les arbres devraient toujours être taillés de la même main. Comme s'ils sentaient quelle figure le jardinier désire leur donner et qu'ils souffrent ensuite d'avoir à changer de chiffre. Bien avoir l'œil en ce mois à leur équilibre. La taille, du reste, dépend du terroir. En celui où les arbres donneraient trop de bois, il ne faut pas craindre de tailler court. Sans rien forcer. « Il a tellement rogné ses poiriers, qu'ils ressemblent à des singes », disait un vieux jardinier parlant de son maître, qui, excité dès qu'il avait le sécateur au poing, trouvait toujours une raison pour faire sauter les branches.

Il faudrait planter lcs dahlias, les cannas, les bégonias mis en végétation en avril, et pincer les chrysanthèmes, ne préservant qu'un bourgeon au sommet de la tige, pour avoir une fleur monstrueuse, délicate opération chirurgicale qui se fait avec un cure-dent. Ce sont des soins et des peines. Vivent les arbres qui n'en demandent pas tant, comme le cognassier, noueux, contourné, qui étale son large feuillage en parasol, dans un coin aux senteurs vertes de lierre terrestre et de plantes malignes. Il se couvre alors, ainsi qu'une chanson des vieux âges, d'une merveilleuse foison de rosaces rosées, du même rose que les îles flottantes qui élèvent là-bas leurs têtes en amas sur des bases déjà dissoutes dans le bleu mol du fond du ciel.

Proverbes des paysans

BESACE BIEN PROMENÉE ENGRAISSE SON MAITRE.

PAS A PAS ON VA LOIN.

MENU PROFIT EMPLIT LA BOURSE.

N'EST SI PETIT MÉTIER QUI NE NOURRISSE SON HOMME.

BON CHARBONNIER VAUT BIEN MAUVAIS MINISTRE.

BIEN BAS CHOIT QUI TROP HAUT MONTE.

DE GRANDE MONTÉE, GRANDE CHUTE.

DANS LES GRANDES MAISONS
VONT BATTRE LES GRANDS VENTS.

PEUT FLEURIR MAIS NE GRAINE POINT,
L'ARGENT DE TROP FACILE GAIN.

Chanson de la femme de mai

Ne prenez pas femme dans le mois de mai,
Moi j'en ai pris une, j'en suis ennuyé.

REFRAIN

J'entends le coucou, maille, maille,
J'entends le coucou, maille doux.

Moi j'en ai pris une, j'en suis ennuyé,
L'premier jour des noces, quand j'm'en fus coucher...

L'premier jour des noces, quand j'm'en fus coucher...
Ell' m'griffa la gueule, avec ses cinq doués.

Ell' m'griffa la gueule avec ses cinq doués,
Moi j'ai pris mes hardes, et j'm'en suis allé...

Moi j'ai pris mes hardes, et j'm'en suis allé
A l'étable aux vaches pour y sommeiller...

A l'étable aux vaches pour y sommeiller.
Mais v'là qu'la vache noire se tourna vers moué.

Mais v'là qu'la vache noire se tourna vers moué :
Ell' tordit sa queue et m'bouzit dans l'nez...

Ell' tordit sa queue et m'bouzit dans l'nez.
Les femmes et les vaches sont toutes après moué...

Voilà le temps où les cognassiers sont couverts de ces rosaces aussi larges que des églantines. Si la pluie vient, elle coulera les fleurs.

Au premier jour de mai la pluie,
Les coings, Madame, sont cueillis.

Baste ! Pour les coings. Mais :

Quand il pleut le premier mai,
Les vaches perdent moitié lait.

L'herbe est déjà haute, pourtant, et une pluie peut-elle tant ôter au fourrage ? Après-demain on va conduire les vaches au pré, — comme elles sautent, courent et dansent, quand, pour la première fois, elles en reprennent le chemin après un long hivernage ! Et tu verras la bergère, assise sur une grosse pierre, se blottir contre la haie mouillée, au pied d'un chêne. A l'auberge, sur l'appui de la fenêtre, les aimez-moi du mois de Marie fleurissent dans une assiette. En montagne, on se hâte de semer, si on n'a pu le faire encore.

A la Sainte-Croux (Sainte-Croix, le 3),
Semailles partout.

Cependant c'est mai, et comme les jours ont crû! Désormais il conviendra de se reposer au milieu du travail et on aura permission de faire quatre-heures. On goûte d'une fête de la Croix, le 3 de mai, à l'autre fête, le 14 septembre.

Le maître parle ainsi à son pâtre — prangières, c'est le goûter et la pause qui suit :

Pour la Sainte-Croix de mai,
Fais prangières s'il te plaît,
Car ton bétail mange assez.
Mais à la Croix de septembre,
Prangières sont à défendre.
Si prangières tu faisais,
Ton bétail ne mangerait.

Ce jour, si remarquable donc, fait une sorte de croix sur l'année. Il marque ce que l'an donnera.

La Sainte-Croux
Emporte ou laisse tout.

Le 6 mai, c'est la fête de Saint-Jean-devant-la-Porte-Latine, ou petite Saint-Jean chaude.

S'il pleut la petite Saint-Jean,
Toute cette année s'en ressent.

L'hiver parfois, alors, semble devoir reparaître :

Aubépine en fleur,
Le temps en rigueur.

On ne voit pas sans crainte arriver les saints qu'on fête le 11, le 13, le 15.

Saint Mamers,
Saint Gervais, Saint Pancrace,
Trois saints de glace.

Mais la pomme de terre dit, paraît-il :

Plante-moi tôt, tard plante-moi,
Avant le quinze mai lever tu me verras.

Se voient aussi les petits pois dans les jardins, malgré ce qui peut encore traîner de frimas sous la nue.

A la mi-mai, queue d'hiver.
Saint-Honoré (le 16), *que de pois verts!*

Les blés montent, montent, montent.

Il n'est plus permis au vingt mai
Cueillir les barbeaux dans le blé.

Puisse le soleil largement luire, ce jour-là, du haut du ciel :

S'il fait soleil pour les Saintes-Maries,
De tout le mois d'août ni tonnerre ni pluies.

Sans cesse, donc, en mai, il faut trembler. Un gros coup de froid peut revenir et quel dégât! C'est le juste moment de demander à Dieu les biens de la terre. On voit les blés monter, les feuilles s'ouvrir, le pays verdoyer. Le tremblotement de l'air chaud s'élève de l'herbe neuve où éclatent encore deux, trois fleurs de pissenlit. Au matin, dans la rosée, la procession ira jusqu'à la croix du carrefour, arrêt de l'autobus.

S'il fait beau pour les Rogations :
Le premier jour, il fera beau pour la fauchaison;
Le deuxième jour, il fera beau pour la moisson;
Le troisième jour, il fera beau pour la vendange.

Et voilà qu'à force, à force, on s'est tout à fait tiré de toute la saison noire : il n'y aura plus à songer à l'hiver!

A l'Ascension,
Dernier frisson.

Espère qu'alors il fera grand soleil : ce soleil qui sèche la lessive sur le pré et qui fait s'épaissir le foin, engraissant le troupeau.

A l'Ascension,
Blanche nappe et gras mouton.

Seulement il faut s'attendre à de la pluie :

A l'Ascension, toujours de l'eau :
Viendra tard si elle ne vient tôt.

Calamité, car alors la pluie s'établira pour toute une quarantaine :

Quand il pleut, Sainte Pétronille (le 31)
Quarante jours trempe sa guenille,
Le blé diminue jusqu'à la faucille.

La Pentecôte tombe en mai, le plus souvent, vers la fin du mois. *Le vent reste six semaines où il se trouve la veille de la Pentecôte, pendant l'eau bénite.* S'il a plu pour Pâques, la terre est restée empoisonnée durant quarante jours : mais Pentecôte beau vient la désempoisonner.

Et les noires brumasses que charrie la bise ne valent rien aux cerisiers.

Les brouillards de la Pentecôte
Des cerises font tomber la couotte (la queue).

Et on dit bien :

S'il pleut le jour de la Saint-Mayeux,
Les cerises tombent par la queue.

Saint-Didier, le 23, serait un bon jour pour semer les haricots :

Sème-les pour la Sainte-Croix,
Tu en auras plus que pour toi.
Sème-les pour la Saint-Didier,
T'en récolteras un setier.

Enfin, enfin, arrive le 25, Saint-Urbain.

Que Saint-Urbain ne soit passé,
Le vigneron n'est rassuré.

Alors, plein de bonne humeur, regardant l'herbe merveilleusement verte au bord du bois, et respirant l'odeur des genêts chauds, tout d'or sur la côte, où les grands chênes en leurs pousses blondes semblent vêtus de soleil, on peut dire :

Passé la Saint-Urbain,
Ne gèle ni pain ni vin.

Car une gelée pouvait encore tout détruire.

Elle n'est pas venue, le temps semble beau. A ce moment, le soir, les hannetons volent à gros bruit sous les feuilles fraîches. Quand il y en a beaucoup, le grain s'entassera en monceaux :

Si tu vois force bergadouères (hannetons),
Il te faudra presser sur la gadouère (la mesure à blé).

Le vigneron, lui aussi, attend ce temps pour se réjouir :

Tant que mai n'est au vingt-huit,
L'hiver n'est pas cuit.

Mais le foin gagne ou perd selon le temps qu'on a pour lors. Ceux qui sont montés en montagne, dans les burons, au début de mai, ont fabriqué les premiers fromages.

Pentecoûte,
Le fromage a fait croûte.

Cela viendra bien, car

De Pâques à la Pentecoûte,
Le dessert est d'une croûte.

La provision de pommes et de noix sèches est épuisée, comme aussi les grappes ridées pendues aux poutres dans le galetas. Et c'est juin seulement qui donnera la fraise et la groseille, la framboise et la cerise, les quatre fruits rouges.

La campagne. — Après la pluie, sur le chemin, les chatons qui sont tombés des noyers semblent des chenilles tout de noir et d'or. Entre l'herbe qui a monté et la feuille qui s'est ouverte, on ne voit plus qu'une allée de chênes d'un vert blond, moite de sève, et ce bleu spécial à mai, de la montagne; fumeux, fourré, comme effacé, mais d'un sourd velours pâle si bleu en sa force qu'il donne étrangement aux yeux.

Un champ de luzerne est là, derrière la barrière, un bloc tranché net en masse verte, faite de myriades de lueurs et d'ombres, où longtemps le regard se repose.

Les vieux pères ne connaissaient pour ainsi dire pas la luzerne, ni le sainfoin ni même le trèfle. C'est-à-dire qu'ils ne les cultivaient pas. Lorsqu'ils s'y sont mis — il n'y a pas si longtemps, — le train même de la culture en a été changé. Et peut-être que d'autres progrès aussi simples sont encore à faire...

Prends le chemin secret, étouffé de verdure. La vue presque bouchée dans une odeur de haies fraîches, on s'y sent tout au fond des terres, des pays. Puis après la montée dans les filets d'eau et les éclats de pierre, on s'arrête sous un gros arbre à la pile torse, près de la croix de fer où se fane le bouquet des Rogations. D'ici, le canton se découvre. Les prés, les blés, les colzas, les terres vagues, les talus d'arbres, les chemins, les bois, tout se voit. Et le bourg, ses deux toits d'ardoise, ses cent toits de tuiles, le clocher, la place aux trois tilleuls pointus, tendres comme des laitues, ce soir, le groupe scolaire, avec, plus loin, sur le plateau, les petits jardins des fraises et des pois où des hommes en corps de chemise travaillent. Le jardinage, n'est-ce pas quelque chose comme le trèfle? La jachère laissait reposer la terre, mais le trèfle lui donne plus que ce repos. De même, après le travail de l'atelier, du bureau, de la boutique, le jardinage refait mieux le corps que le dormant loisir. Quand chacun aura son jardin, même dans les villes — même, surtout, dans les champs, où l'on ne se soucie pas toujours d'avoir fruits et légumes, — ce sera aussi une révolution.

Mai rend le pays à l'herbage, aux branchages, à cet églantier de fine odeur, à ce chêne, aux feuilles de molle lumière. La jeunesse même de l'année la ramène à ce qu'elle a de plus antique, à ce foisonnement vert, à la nature naturante. Les révolutions de renouveau sont celles qui retrouvent les choses anciennes et premières... Deux brouillards blancs s'arrachant des montagnes remontent vers les nuages.

Les travaux. — En mai on sarclera les froments. On bêchera les vignes pour la seconde fois, les chaussant de la terre voisine, et on en ôtera tous les pampres et sarments qui ne portent pas de fruits. On étêtera les rameaux superflus des arbres et on arrosera ceux qui ont été plantés depuis l'automne. On tondra les brebis, on châtrera les veaux. On fera force fromages et on amassera grande quantité de beurre.

Les signes. — Au mois de mai on regarde comme un présage de beau temps ce que les vieux nommaient les écumes printanières. Ce sont des brouillis ou filandres blanches, comme des bourres de coton étiré, qui, se réunissant, flottent au gré de l'air, ou s'attachent aux haies, aux buissons sur le bord des landes. Elles naissent par temps calme et le mauvais temps les fait disparaître.

Un autre bon signe, ce sont les rosées. Quand elles sont abondantes dès le soir, elles annoncent que le lendemain sera beau.

En ce mois, on peut déjà tirer de certaines plantes des pronostics. Le laiteron de Sibérie qui tient sa fleur ouverte durant la nuit marque un jour pluvieux. A l'approche de la pluie, le mouron des champs, qui est dit pour cela « baromètre du pauvre homme », ferme les siennes. De même du liseron des champs, du souci d'Afrique ou souci pluvial. Beau temps s'ils les tiennent décloses, si la laitue ne s'ouvre pas, si le trèfle courbe ses tiges. L'artichaut desserre les feuilles de sa couverture, et le chardon des foulons, pendu aux planchers ou aux cheminées dans les maisons, écarte pareillement ses écailles piquantes. Dans les bois, sur les côtes, les pommes de pin s'épanouissent en craquetant.

Signes de beau temps : les fourmis travaillant comme à l'ordinaire sans se soucier de déménager leurs œufs; les frelons, les guêpes paraissant dès le matin en grand nombre; les abeilles s'éloignant hardiment de la ruche, et jusqu'au coucher du soleil butinant sans paraître s'inquiéter de rentrer avant d'avoir leur charge de miel; les cousins et les mouches jouant dans les airs; sur le soir, les moucherons se rassemblant en une colonne tourbillonnante qui, dans les rayons du couchant, s'élève, s'abaisse et danse; les araignées suspendues, filant tranquillement entre les plantes, de feuille à feuille, et étendant là leurs rets.

On dit qu'une fois le jour l'araignée revoit sa toile et la remet en état : que si ces changements se font simplement le soir, au moment où le soleil commence de baisser, ils présagent une nuit belle et claire. Quand elle sent venir vent ou pluie, l'aragne consolide les attaches de cette toile, raccourcit autant qu'elle peut les fils qui tiennent la rosace par les bouts. Si au contraire elle allonge ces fils, c'est qu'elle compte sur un temps calme et sans eau. Il n'y aurait qu'à regarder les roues qu'on voit au matin givrées de rosée, entre les genêts, dans les pacages : à la longueur des attaches on pourrait mesurer la durée du beau temps.

L'araignée cesse-t-elle de travailler, c'est signe de pluie. Durant la pluie se remet-elle à travailler, c'est signe que le temps retournera au beau sans tarder. De même, dès que l'eau commence de tomber, la fermière regarde ce que font les poules : quand elles continuent de chercher leur vie, entre les fagotiers, les souches, les bardanes, devant la ferme, c'est qu'elles croient que toute la journée sera mouillée; quand elles se mettent à l'abri sous le hangar, c'est qu'elles savent que ce qui tombe n'est qu'une pissée de chat, une averse dont elles peuvent attendre la fin sans risquer de perdre leur quête journalière de vers et de vermisseaux.

Il y a des personnes, à la campagne, qui ont une sangsue dans un bocal couvert d'un linge. Si elle reste au fond, toute plate, à demi enroulée, beau temps; si elle s'étire ou s'enfle, vent; si elle s'agite, monte, tâche de se mettre au-dessus de l'eau, tempête. — L'hiver, en se tenant au fond elle annonce le froid sec, et en s'élevant à l'embouchure du bocal, la neige.

D'autres ont une rainette. On a remarqué que quand la petite grenouille verte, — un vert si laiteux qu'il paraît bleu, — de la feuille du noisetier qu'elle hante cherche à s'enfoncer dans le creux de l'arbre ou dans les crevasses des murailles, elle pronostique la pluie. Dans son bocal, si elle s'assoit parmi les cailloux et les mousses du fond, c'est que le temps est à l'humide; il est au sec, si elle monte à la petite échelle de bois et pointe le nez hors de l'eau.

D'autres ont une branchette en fourche d'épicéa clouée à la cloison et se courbant ou s'ouvrant plus ou moins selon l'humidité de l'air; un capucin dont le capuchon s'abaisse ou se relève, un personnage qui sort de sa loge ou qui y rentre. D'autres, plus simplement, ont un baromètre. — On sait qu'il monte ordinairement le matin, baisse du milieu de la matinée au milieu de la soirée, remonte ensuite, et que les mouvements en sens contraire annoncent un changement de temps pour le lendemain ou le surlendemain. Un orage peut ne pas faire baisser le baromètre; mais toute hausse comme toute baisse subite marque que le temps actuel, bon ou mauvais, ne durera pas; toute hausse ou toute baisse suivie marque un temps continu.

C'est un art d'interpréter le baromètre, de le sentir répondre à la vie de ce que le paysan nomme le temps et qui est l'atmosphère, l'air, la saison, le ciel autour de son champ et de son toit. De la même façon il regarde les créatures s'accorder à ces changements et les prévoir. Toutes, elles y répondent : la feuille du trèfle et la fleur du souci, la rainette, l'araignée, le moucheron et les oiseaux qui volent, comme il dit, en l'air du temps.

Les oiseaux! Le temps est leur pays même. Ils s'y baignent, ils en sont, ils le connaissent, ils sentent du plus loin ce qu'il sera. Il n'est tel que de regarder les oiseaux pour saisir les signes et les présages. Les chants vifs mêlés de pépiements des passereaux, la chanson du rouge-gorge qui monte et s'élève, celle du roitelet dans la pleine matinée, entre neuf et dix, et dans la pleine après-midi, le cri des corneilles au matin, le roucoulement des tourterelles, lentement, par là-bas, dans les bois feuillés, le chant toute la nuit du rossignol; ce sont ces choses qui vont avec le beau temps : une joie de l'être ne trompe pas qui s'assortit à la santé de cette grande organisation d'air et de ciel autour de nous, à cette clarté, à ce calme, à cette tiédeur faite pour étendre la vie.

Tu peux compter sur le beau temps bien établi lorsque tu vois aussi les butors, les milans voler en criant, les éperviers faire la chasse aux alouettes, les canards sauvages, s'il y en a par là, prendre l'essor, s'écarter des étangs, des rivières, le hibou se montrer au soir et crier durant toute la nuit, les pigeons s'éloigner du toit et ne rentrer que tard au pigeonnier, les hirondelles enfin, criant, sifflant, jubilant, et traçant des cercles, voler de vol rapide bien au-dessus du clocher, à grande hauteur, dans le bleu de l'espace.

JUIN
EN JUIN BEAU SOLEIL QUI DON-
NE, N'A JAMAIS RUINÉ PERSONNE
26

Juin

Les dictons de juin

Que mai verse
Et que juin cesse.

Tel est le vœu du paysan :

Pluie de juin,
Belle avoine, chétif foin.

Et pour ajouter que quand les foins sont beaux, le reste ne vaut guère :

Année de foin, année de rien.

Mais on a droit au beau temps, maintenant. Tout le monde désire du beau temps !

En juin, beau soleil qui donne
N'a jamais ruiné personne.

Et puis, allez faire vos fenaisons, quand du bout de l'horizon la pluie revient sans cesse, battant les toits, noyant les prés où l'herbe versée tourne et s'affaisse, comme les épis d'une chevelure.

Mai l'herbe couve,
Et juin la coupe.

Mais pour la couper, il faut de ces jours égayés de soleil et de vent, tels que les femmes en demandent pour leur lessive. Alors tout va des quatre roues. Sur la prairie mi-chevelue, mi-tondue, la faucheuse cliquette comme un grand insecte rouge. Mouchoir au cou, les faneuses en chapeau de jonc tournent et retournent les andains qui embaument. Un garçon est allé prendre sous une racine la bouteille qu'il avait mise à rafraîchir dans le ruisseau et, levant vers les têtes des vergnes sa face en sueur, il boit à la régalade. On dit bien :

S'il tonne en juin,
Paille et foin.

Mais qui voudrait voir l'orage venir alors? Peut-être serait-il avantageux qu'il eût tonné déjà :

S'il tonne avant la Saint-Jean,
L'orage vient du levant.

Vont-ils changer de voix, ces grondements de tonnerre qui se répercutent longtemps au loin, dans les soirs chauds, tandis qu'un peu de vent s'élève de chêne en chêne, avec une fraîcheur, une odeur de sève verte?

On est dans les plus longs jours. Les jardins ont alors leur œil le plus riant, et c'est lorsqu'elles ont mangé l'herbe de la Saint-Jean que les bêtes ont leur plus beau poil. Ah! oui, on veut que juin ce soit le soleil à son plein, cuisant la mélisse devant les ruches pareilles à des huttes de paille. Tout le petit enclos sent le lis, la fraise, tandis que de l'autre côté de la haie, le pré ras, où les fourmis creusent une pomme déjà tombée, sent l'herbe fanée et la terre chaude. Car il fait chaud à présent, comme si la campagne même bourdonnait au soleil :

Avril,
Ne quitte pas un fil.
Mai,
Fais comme il te plaît.
Juin,
De trois habits, n'en garde qu'un.

Ou de façon plus imagée :

A l'Ascension,
Quitte tes cotillons,
A la Pentecôte,
Découvre tes côtes.
A la Fête-Dieu,
Quitte tout si tu veux.

Le paysan va considérer son blé et voir de quelle façon il épie. Il souhaite que le vent tourne à la bise pour que le temps se mette au beau fixe, un peu frais, un peu fumeux.

S'il vente nord quand les blés sont en fleurs,
Riches seront les pauvres laboureurs.

Là-bas, en Gascogne, en Languedoc, ce sont déjà

des chaleurs à faire béer les lézards. Aussi songent-ils à décrocher la faucille suspendue sous l'escalier de bois.

Au mois de juin,
S'en moissonne quelqu'un.

Que mai ait été bien chauffé, orageux, et les moissons vont être prêtes.

S'il tonnait en mai,
En juin tu battrais.

Juin, c'est le mois des grands jours, et véritablement c'est le grand mois, celui de l'épanouissement dans la jeunesse et la force encore, alors que le soleil est au plus haut du ciel.

Février
Du terroir lève le blé,
Abriol,
Le levraut,
Mai le loup,
Juin le tout.

Le jardin

Le temps des semis commence de passer. On peut cependant semer encore des pois pour les avoir bons en vert durant l'été; et des salades, des haricots, à l'ombre, pour l'automne; enfin les plantes bisannuelles ou vivaces.

C'est le bon moment pour les pensées : au printemps, elles fleurissent trop tôt et ne font pas grand-chose : semer en juin, mettre en pépinière en novembre, replanter en mars et l'on aura ces massifs violets, bleus et jaunes, où cent et cent pensées de leurs tendres petites faces de velours regardent l'enfant qui passe, s'il sait voir des figures dans les ramages de la tapisserie et les taches des murailles.

Que les semis de fleurs soient en place, de façon à former partout les corbeilles; penser aux couleurs, à les bien marier et varier.

Biner les artichauts, butter les pommes de terre, couper les coulants des fraisiers. Dès avant la Saint-Jean, cesser la récolte des asperges.

Il faut aussi tailler les melons, pincer les potirons et les tomates; pour le faire, on attendra toujours le soir.

Il doit tant y avoir de roses alors, que ce sera un vrai travail de les cueillir. Ne pas laisser les roses fanées, et même, quand elles sont si nombreuses, pour décharger un peu le rosier, ne pas attendre qu'elles se fanent. Couper proprement les branches, au sécateur, les taillant assez longues, et toujours au-dessus d'un œil vif. Il y aura ainsi beaucoup de bouquets à donner aux connaissances. A moins que les grandes pluies de ce mois ne fassent jaunir et pourrir les boutons. Saint Pierre est pêcheur, comme on dit, et souvent le temps est tout pris, bruines et averses serrées se succédant sous un ciel gris sur gris, où les nuages fondus passent vite, traînant des éclairages d'argent et de cendre. Il fait frais, l'herbe envahit tout. Dans les feuillages mouillés que l'air brasse, et que l'on dirait mêlés d'ombre et de fumée, on ne sait si c'est le vent ou la pluie qui fait ce bruit en échappement de vapeur.

A cause du vent on tuteurera les dahlias et les plantes à hautes tiges. On terminera la plantation des bégonias, des géraniums, des calcéolaires; on bouturera les sommités des asters qui formeront ainsi plus tard de petites potées fleuries. On tondra les buis et les palissades.

Ne pas oublier de soufrer les espaliers et les vignes. Ébourgeonner, pincer, palisser. Arroser souvent les arbres plantés de l'année. Il y aura aussi à faire la revue du verger, pour ôter des fruits aux arbres trop chargés, afin que ceux qui restent profitent et mûrissent mieux.

Juin est le mois des quatre fruits rouges : fraises, groseilles, framboises et cerises. Pour tout ramasser, alors, il y a presse. Puisse le temps revenir au beau et, la journée faite, le soleil éclairer longtemps les quartiers des jardins, au midi des petites villes : leurs ruelles bordées d'orties, d'herbes à lapins et de boutons d'or, où sur les tuiles chargées de pierres moussues les pelotes de sédum fleurissent en étoiles dorées... Les hirondelles très haut font la navette; la nuit ne veut pas venir, et il y a dans l'air avec des odeurs d'acacia, de seringa, de tranquilles bruits de campagne : de lents appels, un martelage de faux. Car il faudra faucher les gazons et leur donner un peu d'engrais après la fenaison. Les jours sont si longs et il y a tant à faire, qu'il semble que dormir soit un péché, en ce temps. Un vieux jardinier disait bien : « La terre est juste. On peut toujours tromper le monde, mais on ne trompe pas la terre : comme on lui fait, elle vous fait. »

Proverbes des paysans

QUI TROP EN FAIT
A DIEU DÉPLAIT.

LE CHARGEANT POIRE PAR POIRE
L'HOMME TUA SON ANE.

VIREI SOUVENT
QUE TROP N'EMBARE MAU DITREN.
(Vous verrez souvent
que qui trop embrasse mal étreint.)

TROP N'EMBARA
EMPÊCHA DE LEVA.
(Trop embrasser
Empêche de soulever.)

TEL COUTEAU,
TEL MORCEAU.

ON NE PEUT TOUT D'UN TEMPS
SONNER LES CLOCHES ET DIRE LA MESSE.

VITE ET BIEN
NE SE RENCONTRENT POINT.

Chanson du cavalier

J'avais rêvé, l'autre nuit, (bis)
Que ma mie était morte,
Lonlère,
Que ma mie était morte,
Lonla!

Sellez, bridez mon cheval (bis)
Que j'aille voir ma mie,
Lonlère,
Que j'aille voir ma mie,
Lonla!

Mon cheval tombe à deux genoux (bis)
Sur trois boutons de roses,
Lonlère,
Sur trois boutons de roses,
Lonla!

Des trois j'en ai cueilli la fleur (bis)
Pour porter à ma mie,
Lonlère,
Pour porter à ma mie,
Lonla!
Lonla!

La vermeille est votre beauté, (bis)
La verte l'espérance,
Lonlère,
La verte l'espérance,
Lonla!

L'autre ma mie, c'est mon cœur, (bis)
Mettez-le avec le vôtre,
Lonlère,
Mettez-le avec le vôtre,
Lonla!

L'oiseau de la pluie s'envole et pousse son cri sous les arbres assombris de la lisière. Demain le temps sera pris, et la campagne, lavée comme une feuille d'avoine, ruissellera des heures sous une pluie battante.

Les bains que prend saint Norbert (le 6)
Inondent toute la terre.

Voici venir le surlendemain, 8, un des saints les plus fameux du calendrier, saint Médard, qu'un aigle, planant sur sa tête, abrita de l'orage.

Quand saint Médard ouvre les yeux,
Écoute voir s'il pleut.

S'il pleut pour Saint-Médard,
Quarante jours de temps bousard,
Un tiers des récoltes en hasard.

Par bonheur, quand on dit qu'il pleuvra quarante jours, on ajoute vite :

A moins que saint Barnabé (le 11)
Ne vienne lui lier le bé.

Quand le temps est clair, au contraire, en ces jours, — ainsi entre Saint-Barnabé et Saint-Médard, pour Saint-Landry, le 10, — promesse de belles moissons.

Si saint Landry est serein,
Qu'on s'assure d'avoir du grain.

Par les petits chemins de terre, entre les champs, le laboureur va voir comment se comportent les froments et les seigles.

A la Saint-Barnabé,
Va voir ton blé.
S'il est en fleur, abondance et qualité.

Une masse de chalumeaux et d'épis, d'un vert bleuâtre, à reflets d'argent violet, et le vent la pousse toute, la berce, la balance, y faisant courir des reflets ronds comme des moires.

On imagine de longues, longues journées, toutes données au soleil, dorées comme les genêts fleuris, rayonnantes comme l'ostensoir de la Fête-Dieu. Et il n'est question que de pluie dans les dictons des jours!

Pour la Trinité, d'abord :

Quand il pleut pour la Trinité,
Le blé diminue de moitié.

Pour la Fête-Dieu, ensuite, avec promesse de tout un déluge si les reposoirs se mouillent. Ha, nous voilà bien!

Pavillée mouillée,
Fenaison manquée.

Cela ira même jusqu'à la moisson :

Quand il pleut sur la chapelle,
Il pleut sur la javelle.

Le vigneron, lui aussi, regarde les nuages.

S'il pleut le jour de Saint-Cyr (le 16),
Le vin diminue jusqu'à la tire.

Dans les pays où saint Florentin (le 18) est en honneur, c'est par lui qu'on marque que le temps clair d'alors favorise les fruits de la terre :

Beau temps à la Saint-Florentin,
Belle récolte pour certain.

La pluie, toujours la pluie! Et de quel appétit elle tombe, sur les fenaisons grises, qui jaunissent et pourrissent, sur les blés qui se couchent.

S'il pleut pour la Saint-Gervasy (le 20),
Les blés seront vite moisis.

Jusqu'ici, pourtant, il n'y avait pas grand mal. Mais à partir du 24, si elles continuent de ruisseler sur les feuillages et de verser les moissons, quel poison que toutes ces averses!

Avant la Saint-Jean, pluie bénite;
Après la Saint-Jean, pluie maudite.

Voici la Saint-Jean, l'heureuse journée, la Saint-

Jean d'été, qui marque un des solstices, comme la Saint-Jean d'hiver, le 27 décembre, marque l'autre.

Jean et Jean
Partagent l'an.

Gare, gare, s'il pleut!

Eau de Saint-Jean ôte le vin.
Et ne donne pas de pain.

Un bon présage, ce serait d'entendre encore chanter le coucou, là-bas, dans les bois dont la feuille se fonce, sur les lisières fleuries de chèvrefeuille.

Quand le coucou sur la Saint-Jean avance,
C'est signe de grande abondance.

On raconte qu'on avait engagé le coucou une année pour rentrer la moisson. Mais porter les gerbes au chaud du jour est un si dur travail que le pauvre, à moitié crevé, jura qu'il ne se laisserait plus mettre la main dessus. Depuis, il se tait, prudemment, avant même que le premier moissonneur attaque la première gerbe.

Saint-Jean,
La faucille en main.

A la Saint-Jean,
Les feux sont grands.

dit-on, pensant à la fois aux brûlants rayons des

longs jours et à ces bûchers qu'on allume au soir du 23 pour montrer que le feu est bon en toute saison.

C'est le temps, plein de senteurs et de souffles, où la fève est en fleur :

Fèves fleuries,
Temps de folies.

A Pâques,
On marie les ânes;
A la Saint-Jean,
Les bons enfants.

Cela devrait se chanter en pays d'émigrants, en pays de montagne où les vaillants partaient l'hiver, allaient gagner des sous au loin et ne rentraient qu'à ce moment de l'année, en vue des grands travaux.

En pays d'élevage, les troupeaux étaient déjà montés et paissaient autour des burons l'airelle tendre, le gazon, la réglisse.

Un berger qui vaut quelque argent
N'est plus à louer pour la Saint-Jean.

Le temps des couvées est passé aussi, et la mère poule, autour du courtil et du chartil, doit chercher sa vie avec sa troupe de poussins.

La Saint-Jean
Ne veut trouver poule couvant.

Ainsi, à ce moment de l'année, tout est fait et en train de se parfaire, depuis la groseille que la petite fille cueille encore un peu verte,

A la Saint-Jean,
Les groseilles vont rougissant,

jusqu'à la grappe qui cet automne donnera le vin, soutien de l'homme et lait du vieillard.

A la Saint-Jean,
Verjus pendant,
Argent comptant.

Puisse-t-il faire beau au lendemain même de la fête, à la Saint-Guillaume, qui tombe le 25. Il faut du soleil, à présent, pour nourrir le grain, le faire doré, rond et dur.

S'il fait beau pour la Saint-Guillaume,
Auras du blé plus que du chaume.

Mais si beau que soit le temps, il serait bien surprenant que la pluie ne survînt pas.

Saint Jean doit une averse :
S'il ne la paie, la paie saint Pierre.

On dit de saint Pierre : *saint Pierre pêcheur*, et quand il se montre tel, tout mouillé, la pluie dure huit jours au moins. C'est le 29 que tombe sa fête et celle de saint Paul.

Il est dit, du reste, qu'on n'échappera pas à ces

grandes pluies à verse sous quoi les arbres trempés chantent à grand bruit de tout leur feuillage.

Saint Pierre et saint Paul
Lavent la place à saint Marciau,

qui est le lendemain même, le 30. Saint Martial, le grand saint des Limousins qui lui adressent cette prière :

Saint Martial,
Priez Dieu qu'il garde
Nos raves,
Nos châtaignes
Et nos femmes!

La campagne. — D'abord, on ne s'entendait guère parler. Dos rond et jambes étalées sur une place rase où quelques lotiers fleurissent comme des genêts en réduction, un des faucheurs bat sa faux à croire qu'il n'en finira plus. Sans arrêt, à petits coups pressés sur la petite enclume plantée entre ses genoux.

Ils sont venus faire la pause au bord du bois. — En d'autres temps, là où l'on avait abattu des arbres, on mettait du blé; c'était une bonne récolte assurée. Mais le défrichement est resté une friche, toute en pelotes de graminées fines entre les souches, et une hampe de bourrache, par endroits, ou une grosse poignée d'aigrettes rouges, rouges.— Ils mangent avec lenteur. Pas besoin de se presser, le vent est au nord, le temps tiendra. Il fait frais. Un vent agile, qui va partout, peigne d'un coup ces touffes d'herbes à reflets d'argent. Dans le ciel enfumé de vapeurs, le soleil est si peu à craindre, qu'ils ne se sont même pas assis à l'ombre des pins; — on voit d'ici, frottées d'un duvet roux, les pousses vert pâle en chandelle au bout de chaque branche.

Un vieux dit que le vent noir — un vent du nord nébuleux, — est le meilleur quand le blé graine...

Sitôt qu'il a grainé, les jours diminuent, comme si le soleil sentait qu'il a fait le meilleur de sa tâche.

On entend le froissis des râteaux dans le foin, les faneuses se sont mises à la besogne.

La nappe des prés s'étend sous une sorte d'écume bise et grise. Un fouillis de pinceaux, de panaches, de cimes floches où les scabieuses en grosses pastilles et les marguerites montrent leurs têtes. D'un seigle, sans fin déferlent vers nous des ondes comme des fumées sous le vent.

Les travaux. — En juin, aux environs de la Saint-Jean, on fera les foins; et c'est un si gros travail, surtout si le temps vous presse, que souvent on ne peut songer à rien d'autre. On tâchera pourtant de préparer l'aire, de la nettoyer de toute poussière et de toute paille. Ayant fauché les prés, on moissonnera l'orge. On ébourgeonnera la vigne.

Les signes. — Si le ciel a été serein avec de vives étoiles et le chemin de saint Jacques comme un lait de brume dans la pureté de l'espace nocturne; si pour le point du jour, quand le matin sort tout frais de sa nuit, le bord de l'horizon s'éclaire d'un cercle blanc ou doré; s'il s'élève dans les fonds, le long des ruisseaux et des arbres un coton qui flotte et s'épaissit; si une grosse rosée trempe l'herbe, tandis que le soleil apparaît clair et non plus grand qu'à l'ordinaire, sans tache, sans rais rompus, sans couronne, ou alors dans une couronne égale et ronde qui se dissipe peu à peu, tu peux t'attendre à du temps constamment beau et à de la chaleur.

S'il n'y a pas eu de rosée, mauvais signe. Un

LE CHARGEANT, POIRE PAR POIRE,
L'HOMME TUA SON ÂNE

ON NE PEUT TOUT D'UN TEMPS, SONNER
LES CLOCHES ET DIRE LA MESSE
29

ciel bariolé de rouge a déjà annoncé le bouillon. Surtout si dans ce ciel trop coloré le soleil obscur, baigné d'eau, pousse mal ses rayons mêlés de bandes noires; ou s'il paraît se cacher derrière ces nuages tout striés à l'entour aux couleurs du tison et de la braise. Ne va pas confondre cela avec les promesses enflammées de la belle aurore. C'est en ce sens qu'on dit :

Rouge du matin
Trompe le voisin.

Voici la chose :

Matin blanc, brave temps,
Matin rouge, triste temps.

Lorsque le ciel est ainsi trouble, panaché, nuageux, pour peu qu'il ait venté dans la nuit, la pluie va s'ensuivre.

Vent de la nuit,
Pluie avant midi.

Si le temps reste simplement couvert et que le soleil, en prenant de la hauteur, s'embarrasse au travers d'une brumasse grise, ce sera dans la nuit que la pluie viendra. On n'aime pas non plus qu'il se réfléchisse sur les nuages, les cuivrant, les faisant luire comme des miroirs.

Quand le soleil se regarde,
De la pluie prends garde.

Ce qu'il fera d'ici midi te dira à quoi t'attendre.

En tous temps la matinée
Est la mère de la journée.

Même si le ciel est d'un sombre d'averse, pourvu que le soleil en montant s'assure dans sa force et perce le nuage, le beau temps va s'établir. Même s'il pleut à la première heure! Comme le dicton chante :

Pluie du matin
N'arrête pas le pèlerin.

Ou encore :

Pluie qui tombe le matin
Ne doit pas barrer le chemin.

Il suffit qu'elle s'arrête à midi : tu peux espérer pour l'après-midi un temps sans eau. Par contre, si elle ne cesse pas à midi, elle court chance de durer tout le jour.

Si elle a commencé sur le soir, elle ne saura plus s'arrêter :

Pluie du soir
Emplit le lavoir.

Ce qu'on aime pour le soir, c'est au rebours du matin, un ciel orangé, bien découvert, un soleil cramoisi, s'enfonçant à travers des nuages ourlés d'or ou de feu, un soleil qui, comme on dit, « rentre beau ». Si le couchant se refroidit d'un jaune pâle, blafard, la pluie est déjà dans l'air. Ou si l'on y voit nager de ces fuseaux en forme de poisson que les paysans nomment des truites : ce sont des nuages

Arc en ciel sur le soir
Beau temps fait prévoir
AVANT LA St JEAN,
PLUIE BENITE;
APRES LA St JEAN,
PLUIE MAUDITE
24

JEAN ET JEAN
PARTAGENT L'AN.
24
St JEAN
LA FAUCILLE EN
MAIN
24
St JEAN
NE VEUT TROUVER
POULE COUVANT

29

de pluie vus par le profil. Mais quand au couchant paraissent de petites nuées détachées les unes des autres, peintes de rose ardent et que le soleil descend derrière leur troupe, net et clair, bien rougeoyant, c'est bon signe. C'est qu'il n'y a rien pour faire ombre et temps gris de ce côté de l'ouest d'où le plus souvent vient la triste pluie.

On a mis cela non plus seulement en rythmes, mais en images :

Rouge le soir, blanc le matin
Fait cheminer le pèlerin.
Blanc le soir, rouge le matin
Fait tournevirer le moulin.

En cette saison, la pluie sait si bien tomber à verse, à flots, à pleins seaux! Quand elle « fait les bouteilles », qu'elle éclate en bulles sur les flaques, elle n'est qu'une passade d'orage et ne s'attardera guère.

Pluie à grands abats,
Bien vite s'abat.

Il s'en est fait un proverbe de résignation :

Plus il en tombe,
Plus vite la pluie tombe.

Mais on a remarqué que quand elle fume en tombant, c'est signe qu'il pleuvra beaucoup. Parce que le temps s'est rafraîchi.

Froid de l'été,
Ru débordé.

Si le vent s'est mis au nord et qu'il vienne à pleuvoir, gare! Le dicton le marque :

Quand la pluie vient par la bise,
Elle perce la chemise.

Ce que les hommes des fermes disent de plus rude façon :

Quand la bise attrape la pluie,
Ça pisse gros comme une truie.

Souhaite alors qu'un brouillard s'élève : il annoncera la fin du mauvais temps.

Mais regarde les arcs-en-ciel selon leurs heures. Celui de la matinée, dit-on, du laboureur finit la journée. On n'aime pas beaucoup plus celui du midi. Tous deux annoncent que la pluie tombe à l'ouest : elle arrive, elle va interrompre les besognes.

Arc-en-ciel sur le matin
Tire le bouvier du labour.

Arc-en-ciel sur le mi-jour
Tire la fille du bassin,

de la fontaine où elle était en train de laver. Au contraire :

Arc-en-ciel sur le soir,
Beau temps fait prévoir.

De fait, si le soleil paraît du côté du couchant, c'est qu'il y a une éclaircie de ce côté, et que l'ouest est débarrassé des nuages.

Arc-en-ciel du matin
Fait marcher le moulin.
Arc-en-ciel du soir
Fait marcher l'arrosoir.

Parce qu'alors le temps se met au sec : il faut arroser les jardins de fèves et de laitues. Mais quand l'arc se montre bien net, de tons forts et purs, comme une transparence de couleurs, et doublé par un autre, au-dessus des villages, des haies de chênes et des bois mêlés de brouillards de la montagne, c'est que la pluie continuera sur les fenaisons grises.

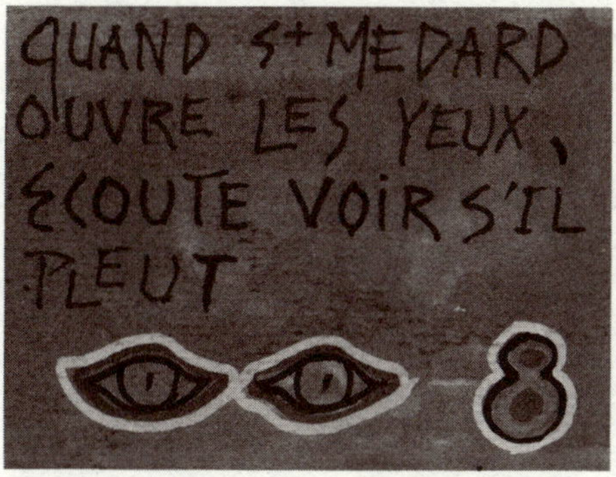

L'ÉTÉ

Juillet

Les dictons de juillet

La lune de juillet qui commence un lundi
Les choux sèchent par la racine...

Les choux mêmes, qui ont le moins à craindre, tant la sécheresse est forte alors! Mais c'est encore un de ces dictons de difficile créance. Tout comme celui qui enseigne que la lune arrivant un mercredi toujours en tous les mois est redoutable.

Lune de mècre, femme barbue,
Tous les cent ans, c'est assez d'une.

Ou encore :

Lune mécrue,
Femme barbue
Et pré moussu
Ne portent pas gros revenus.

Mais juillet, où les jours, presque sans décliner restent les plus longs, est regardé comme le mois du vrai beau temps. Voilà pourquoi il porte avec lui peu d'adages. Car les adages ne sont guère que des raisons de se tracasser, ou de se rassurer, qu'on se donne au fond des vieilles petites salles paysannes.

On fait les foins dans les montagnes. On y taille encore l'herbe. Dans la plaine, on s'apprête pour la moisson. C'est le plus dur moment du travail, presque au moment le plus chaud, avant l'accablante canicule. Les gens du Languedoc disent :

En juillet,
Bouche noire et sec gosier.

Eh bien! On sait qu'alors il faut de la chaleur :

Prépare les tonneaux,
Si juillet est beau.

Il n'y aura jamais trop de chaleur en ce mois :

Longue sécheresse,
Lac de vin.

Tant de dictons répètent que, tout bien vu, tout bien pesé, la sécheresse vaut mieux que la mouillure :

Année sèche,
Toujours peu revêche.

On dit aussi :

An pluvieux,
An malheureux;
Année venteuse,
Année plantureuse.

Ou encore :

Mieux vaut cela que nous laisse la sécheresse
Que ce que la pluie nous baille.

La pluie viendra, d'ailleurs, après le beau temps, et d'autant plus abondante qu'elle aura plus longtemps tardé. Bien sûr quelques-uns marmonnent :

Pleurs de femme et pluie d'été
Gros ruisseaux n'ont jamais fait.

Mais ce sont des cœurs de caillou qui, pour autant, ont la vue basse.

Sécheresse longue,
Pluie longue.

On a cru remarquer que les pluies d'alors, six mois plus tard, sont de retour :

Pluie en juillet,
Eau en janvier.

Tant pis. En Auvergne, où les montagnes arrêtent les nuages venus en procession de l'ouest, de l'océan, et les voient ruisseler sur les rampes, on ne pense pas trop de bien du temps humide.

La pluie, c'est de l'engrais
Pour les balais,

pour les genêts, dit-on, en jouant peut-être sur les mots, car *balet* signifie palier, balcon devant la porte.

Enfin,

Ce que Dieu trempe,
Dieu le sèche.

Et :

C'est perdre son temps
Que de se plaindre du temps.

Le temps ne passe que trop vite, pluvieux ou ensoleillé, tant il y a à faire alors, dans les petites fermes entourées de noisetiers et de pruniers gris entre les bois et les lopins de seigle. Si décidément on est peu content de la récolte, il faut se dire que bientôt sera là le temps des semailles apportant un nouvel espoir.

Année mal jugée
A moitié écoulée.

On aime en juillet, sauter du lit à la pointe du jour. De la fenêtre grande ouverte, pour savoir quel temps il fera, le paysan écoute le vent dans les feuillages du ravin; il regarde le coton qui traîne sur la rivière et les têtes des nuages, comme des monceaux de neige sous la barre lointaine des montagnes.

Se lever de grand matin
Ne met pas la nuit plus loin.

Oui, ceux qui aiment s'attarder au lit, disent aussi que le jour n'en vient pas plus tôt pour cela, mais voilà un dicton fait pour l'hiver. En cette saison, si peu de nuit et tant de travail!

Couche-toi tôt, lève-toi matin,
Et tournevire le moulin.

Comment tout n'irait-il pas bien pour celui qui sait être ainsi le premier à la besogne? L'aube brumeuse et même le matin un peu mouillé ne l'arrêtent pas. Il part. Il voit la montagne se débarrasser de ses vapeurs matinales, la caille voler le long des champs et le soleil monter, s'éclaircir, chauffer les roches des chemins pour une de ces grandes belles journées où il fait bon travailler de plein courage.

Le jardin

Il faut maintenant se demander si ce qu'on sème aura le temps de venir avant les premières gelées. A moins d'être en canton trop haut, trop froid, jusqu'au 14 juillet semer encore, dans les coins frais, quelques haricots verts, les salades et leurs fournitures.

Aussi les concombres et les cornichons, les radis noirs, les choux-navets et les navets, les choux-fleurs d'automne, les choux pommés de l'an prochain à repiquer en pépinière. Et pour l'hiver, des scorsonères, des ciboules, des poireaux, mais que les graines n'en soient pas trop nouvelles ou les plants auront tendance à monter.

On butte les céleris et l'on fait blanchir en les liant les chicorées et les scaroles.

Les arrosages, les tontes, les ratissages demandent beaucoup de temps. Gare à la sécheresse! On voit courir les grillons parmi les graviers, les cailloux des collines où poussent entre les genêts les touffes de lotier jaune, le séneçon, plus jaune encore, l'aspérule odorante plus jaune que tout, comme pour répondre à la terrible chaleur dorée du soleil.

Au jardin bouquetier, les glaïeuls, les cannas, les bégonias, les passe-roses sont fleuris, du blanc au cramoisi, du rose au pourpre, en passant par le vermillon et l'écarlate. On a relevé les oignons de crocus, de jacinthes, de tulipes, les griffes et les pattes de renoncule et d'anémones et on les a serrés en lieu sec (à moins qu'on ne préfère les replanter tout de suite : on sépare alors les caïeux et on modifie la terre si on les remet à la même place).

On marcotte les œillets, on remplace par d'autres les plantes qui ont passé fleur, on dédouble et multiplie celles dont la floraison est hâtive, telles qu'aubrelia, saxifrage, corbeille d'or, car le faire au printemps, c'est supprimer ou retarder la floraison. On plante l'amaryllis d'automne, le perce-neige, le lis blanc et le lis rouge, la fritillaire ou couronne impériale.

On récoltera les fleurs de tilleul avant qu'elles soient tout à fait mûres et qu'il en tombe cette poudre d'or ternie que les gamins ramassent sur la promenade pour la fumer en cachette. On récoltera aussi les ombelles du sureau : les reinettes qu'on met sur un lit de fleurs de sureau prennent un goût d'ananas.

Visiter les espaliers et particulièrement les pêchers; pincer les branches qui s'emportent, découvrir les fruits qui approchent de leur maturité en enlevant les feuilles qui les gênent. Par temps sec, il conviendrait même de seringuer doucement les fruits pour les attendrir et leur donner de la couleur.

En juillet, il faut arroser beaucoup et toujours abondamment. Mieux vaut vider un arrosoir au pied d'un arbre et n'y pas revenir de la semaine que de mouiller souvent un peu. Il sera très bon de pailler, voire avec une brassée d'herbe, qui entretiendra la fraîcheur du sol. On arrosera le soir, quand les grandes lumières se colorant arrivent de flanc dans les arbres. Les prés, de laine courte après les fenaisons, semblent brûler d'une lumière verte, entre les bandes de pelage jaune pâle ou vert pâle des blés, des seigles, des avoines. Cet éclat que prennent les couleurs, les lueurs et la tranquillité du silence qui s'établit lointainement, agrandissent bien l'heure, alors. La terre chaude boit en un instant le flot d'eau et l'on entend cinq secondes après qu'il a cessé un petit bruit comme d'un enfant reprenant sa salive sur ses lèvres.

Il y a au verger les premières pêches, les premières prunes, les pommes d'Astrakan rouge et diverses poires : le beurré Giffard, le doyenné de juillet, les hâtivaux, la cuisse-madame, les blanquets, le bourdon musqué, le gros muscat, le petit muscat ou sept-en-gueule.

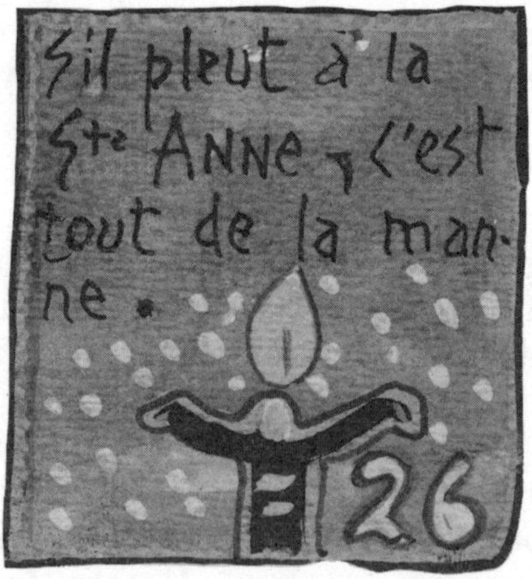

Proverbes des paysans

QUAND ON MOISSONNE,
TROP TARD POUR FORGER LA FAUX.

PLUS TEMPS DE FERMER L'ÉCURIE
QUAND LE CHEVAL EN EST SORTI.

QUI NE VEUT PAS QUAND IL PEUT
NE PEUT PLUS AU TEMPS QU'IL VEUT.

MON AMI SOUVIENNE-T'EN
QUE FAUT VANNER QUAND FAIT DU VENT.

LA MAUVAISE RENCONTRE ATTENDS-LA,
MAIS LA BONNE SAISIS-LA.

TAN QUE LOU CHI PISSO, LOU LÈBRO FUT.
(Tandis que le chien p... le lièvre fuit.)

POUR LEVER LA MOISSON
IL FAUT ATTENDRE LA SAISON.

Chanson de la Youyette

De bon matin, Pierre se prend, se lève, (bis)
Met son chapeau dessous son bras,
Chez la Youyette il s'en va.

— Bien le bonjour, beau-père et belle-mère, (bis)
Que le bonjour vous soit donné,
A la Youyette je veux parler.

— Mais la Youyette, elle est à la grand-messe, (bis)
A la grand-messe à Saint-Denis
Tardera pas à reveni.

— Par qui pourrions-nous l'envoyer cherchèye? (bis)
Son frère Jean qu'est bon garçon
Fera très bien la commission.

Tout en entrant dedans la sainte église, (bis)
Prend l'eau bénite en se signant :
— Allons, Youyette, allons-nous-en!

— *Qu'est-ce qu'il y a donc à la maison qui presse?* (bis)
— *Ton ami Pierre est arrivé*
Son tendre cœur veut te parler.

— *Que l'on apporte, ici, sur cette table,* (bis)
Du bon vin blanc, du saucisson
Pour régaler ce bon garçon.

— *Je ne suis pas venu ici pour boire,* (bis)
Ni pour boire ni pour manger,
A la Youyette je veux parler.

— *Mais la Youyette, elle est encore trop jeune,* (bis)
Faites l'amour en attendant
Que la Youyette elle ait vingt ans!

— *L'amour, l'amour, je l'ai bien assez faite!* (bis)
Est sujet à perdre son temps
Qui fait l'amour par trop longtemps.

Si le premier juillet se trouve jour pluvieux,
Tout le reste du mois le temps sera douteux.

Encore donc une de ces séries d'averses, comme pour la Saint-Médard, comme pour la Saint-Pierre!

Dans le Quercy et plus au midi, on a commencé les moissons. Courbé, la faucille en main, sous le gros soleil, il faudra avancer pas par pas dans la paille crépitante, au moins pour ouvrir le chemin aux machines.

Entre juin et juillet,
La faucille s'y met.

Dans cette bonne odeur du chaud, de la terre, de l'herbe cuite, les blés sont à présent si grands! Mais c'est le moment où tu vois ton grenier assez près d'être vide.

Entre la faux et la faucille,
Le paysan est en famine.

Du temps où le genêt se couvre de fleurs d'or à celui où ses petits grains de corne tintent dans ses cosses noires, tout change. Dans l'un, le pauvre doit emprunter du blé à celui dont les greniers sont pleins; dans l'autre, le riche qui voit sa moisson risquer de s'égrener au vent, doit faire appel aux bras des travailleurs :

Quand le genêt fleurit,
Le pauvre cherche le riche.
Mais quand il fait gredi-gredi,
Le riche cherche le pauvre.

Aux jours où la fève est en fleurs, aussi, le pain est rare; à ceux où les champs d'œillette ont fleuri, le grain est là, prêt à être moulu, boulangé, cuit au four. — Regarde bien les fèves, elles te disent à quoi t'attendre :

Force fèves, force blé.

Semblablement l'osier fournit un pronostic sur les vendanges :

Si l'osier fleurit,
Le raisin mûrit.

Que saint Savin (le 11) lui aide!

Rosée de Saint-Savin,
Rosée de vin.

C'est le grand beau temps, le vent qui touche à peine, aux talus, la jasione, la clochette bleue, le mille-feuille; et les gros nuages d'après-midi en éblouissantes pelotes de neige grossissent au bord du ciel.

Au milieu du mois, vers la Saint-Henri, ce diantre de mauvais temps peut bien encore gâter la récolte.

En mi-juillet, pluie et vent
Font mal au froment.

Mais ne souhaite pas que la touffe de noisetiers, au fond du jardin, soit toute chargée de ces bogues vertes, plus claires que les feuilles, qui laissent voir entre leurs bords déchiquetés la coque de bois roux.

Année de noisettes,
Année de disette.

Cette abondance de noisettes, d'olagnes, présagerait beaucoup de choses, et entre autres un hiver bien encombré.

Les saules hauts, beaucoup d'olagnes,
C'est force neige dans les montagnes.

On dit aussi :

Année de raves,
Année sandable.

c'est-à-dire de santé. Les raves, on va les semer. Mais déjà, sur les banquettes des routes ou dans les maigres pacages, à côté des pelotes de serpolet rose et grenat, on voit paraître le mousseron blond qui sent l'anis. Le vigneron ne désire pas qu'il foisonne.

Année de mousserons,
Pas de vin dans le flacon.

Ce que tout le monde aime, c'est de voir fourmiller les cerises. Oui, leur beau vermeil entre les feuilles que la brise fait flotter comme des bouts de ruban, au bord des chaumes!

Année de cerises rouges
Met le rire sur les bouches.

C'est difficile en toute saison d'aimer la pluie. Mais en juillet, malgré les prés retondus, bruissants de sauterelles, qui verdoieraient plus vite sous les averses, on souhaiterait de ne plus la voir.

Autour de Sainte-Marguerite (le 20),
La longue pluie est maudite.

Elle l'est donc tout autant le lendemain, le 21.

S'il pleut pour la Saint-Victor,
La récolte n'est pas d'or.

Il n'y a guère que les pays secs, là-bas, du côté du soleil, pour demander que le ciel se couvre et que l'eau tombe.

Quand il pleut pour la Madeleine (le 22),
La chambre au maïs sera pleine.

L'imagination populaire a toujours vu la grande pénitente baignée de larmes dans sa grotte, —

JUILLET
En mi-juillet, pluie et vent Font mal au fro-ment
Annee de noi-settes, ANNEE de disette
.....l'etendue, un goût de libre
30

MON AMI SOUVIENNE T'EN QUE FAUT VANNER QUAND FAIT DU VENT
34

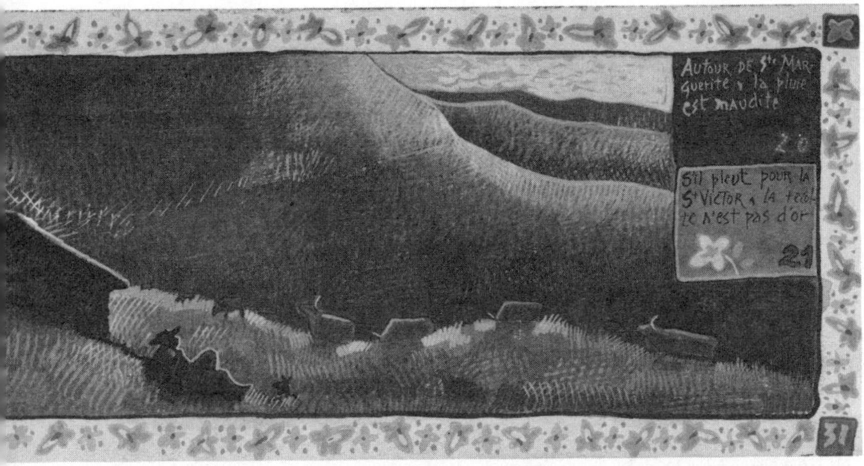
Autour de Ste Mar-
guerite, la pluie
est maudite
20
S'il pleut pour la
St Victor, la récol-
te n'est pas d'or
21
31

PLUS TEMPS DE FERMER L'ÉCURIE
QUAND LE CHEVAL EN EST SORTI
35

« pleurer comme la Madeleine » — et il lui semble convenable que la pluie salue sa fête.

Sainte Madeleine,
La pluie mène.

Mais tout se fait, tout se mûrit, sous les rais du soleil tramant patiemment sa longue journée, comme occupé d'en haut à chauffer les campagnes. La petite pomme verte a déjà une joue brune, dans la feuille du pommier, et par le chemin, tombés des châtaigniers, achèvent de se dessécher les longs chatons de miel.

Pour la Sainte-Madeleine,
La noisette est pleine,
Le raisin coloré,
Le blé fermé.

Fermé, il faut comprendre chaque grain formé et durci; peut-être rentré au grenier, où les pigeons se posent, claquant des ailes, au bord des tuiles brûlantes. Car l'adage porte :

Le raisin formé,
Le blé renfermé.

Il doit faire chaud en cette dernière semaine du mois, chaud et beau, de soleil levant à soleil couchant. Et pour la nuit, la courte nuit, ce soleil ne s'abaisse pas beaucoup au-dessous de l'horizon; de sorte que le croît de la plante semble ne plus s'arrêter:

De la Madeleine à la mi-août,
L'épi mûrit la nuit comme le jour.

Sous le rayon qui le chauffe en sa force, il se fait plus pesant que l'or.

Été brûlant
Fait lourd froment.

Pour le jour même du 22, on dit aussi :

A la Sainte-Madeleine,
La noix à moitié, la noisette pleine.

Pleine, cela ne veut pas dire mûre, prête à craquer sous la dent. Il te faut attendre trois semaines encore.

Pour la Sainte-Madeleine,
Noisette déjà pleine.
A la Saint-Laurent,
Regarde dedans.

Les cerises vont bien jusqu'en août sans que les vers s'y mettent trop, aux gros cerisiers poussés parmi les granits et les genêts, près des sentiers de chèvres. Des cerises toutes petites, — d'un noir opaque de jais, ou d'un rouge translucide de cornaline, — mais d'une eau, mais d'une saveur ! Il n'est pas de fruit plus sain, il n'en est pas qui soit mieux, comme l'est le cresson de fontaine, la santé du corps.

Si dans toute l'année il y avait des cerises,
Messieurs les médecins n'iraient plus qu'en chemise.

Note ce que sera la veille de la Saint-Jacques, c'est-à-dire le 24 :

Veille de Saint-Jacques serein sur le mont
T'annonce une bonne moisson.

Vive juillet et son soleil! Vive même sa pluie, si elle n'arrive pas sur la fin, le 26, pour la Sainte-Anne.

S'il pleut à la Sainte-Anne,
C'est tout de la manne.

Dès le lendemain, on reviendra au beau. Les sept dormants, qui dorment en heureuse paix dans leur grotte, sans avoir à se mortifier dans les larmes comme la Madeleine, y pourvoiront.

Les Sept dormants (le 27)
Remettent le temps.

La campagne. — On a traversé de petits bois secs et chauds où l'on voit courir les grillons; puis des pacages pleins d'odeurs de fougère, d'odeurs de jasiones — si c'est bien jasione qu'on nomme cette fleur en grosses boules d'un bleu plus rude et plus éveillé que celui des lavandes. On suit une espèce de couloir où de grands arbres alignés font noir entre le bois et une sombre bâtisse à quoi des lucarnes de pierre grise prêtent un air assez maison du crime.

Enfin, la digue; une esplanade en longueur, plantée de vieux épicéas aux rames balançantes. Vu de son terre-plein où l'on baigne dans leur ombre, et sous les sombres franges pendant des branches qui flottent faiblement, le plat de l'eau semble tout de clarté, comme un ciel renversé. L'étang, en nappe de temps bleu et de nuées, à peine brouillé de reflets torses... Les buttes boisées qui le bordent ne font que conduire le regard vers un lointain comme on croit en voir dans le songe. Sur d'admirables monts bien découpés, quelques bourgades blanches, accrochées en consoles, doivent vivre en toute gaieté et toute noblesse, bien au-dessus des dépressions barométriques. On regarde devant soi, moins pour voir les choses que pour prendre ce sentiment de l'étang, de l'espacc ouvert, de tout cela.

C'est beau, cette grande paix. De la paix, et non pas seulement de la paix, mais de l'air; l'étendue, un goût de libre ciel.

D'un point, d'un autre, sur l'onde, on voit partir des cercles qui vont s'élargissant. Ce sont des poules d'eau qui plongent. C'étaient leurs cris qu'on entendait sans y prêter l'oreille. Un groupe de peupliers ne cesse pas de bruire : une masse aérienne, remuée jusqu'en ses profondeurs, toute de froissis, de souffles, faites de lueurs vertes et d'ombres arrondies. Quelle fraîcheur dans tous ces bruits de campagne! — Des feuilles scintillent très vite, glacées par l'air et l'ensoleillement qui arrivent ensemble du nord. Cela vit, d'une vie rapide et verte.

Tout à l'entour, c'est pourtant une telle paix : le grand soir et ces monts, ces espaces d'été, dans le large de la lumière...

Les travaux. — En juillet, on commencera de moissonner les froments et les seigles, les grains potagers. On fouira les vignes en arrachant de partout le chiendent, afin que la sécheresse en brûle les racines. On fera les greffes qu'on appelle à l'emplâtre. Des pommiers, des poiriers, on ôtera les pommes, poires mal venues et celles qui chargeraient trop l'arbre.

Les signes. — On craint les changements de lune alors qu'ils se font par beau temps :

Quand la lune arrive belle,
Au bout de trois jours se fêle.

Ou encore :

Quand la lune tourne au beau,
Dans trois jours porte chapeau.

Chapeau de nuages, et voilà de nouveau la pluie. Au rebours, tout va, quand à la nouvelle lune, le temps s'est mis au mouillé.

Lorsque la lune vient dans l'eau,
Au bout de trois jours il fait beau.

On dit aussi :

Lune nouvelle en beau temps,
Pluie avant sept jours.
Lune neuve en méchant temps,
Soleil en trois jours.

Cependant certains prétendent que s'il ne pleut pas du tout durant les quatre premiers jours de lunaison, c'est très bon signe :

Regarde à la lune,
Ses cent heures premières.
S'il n'en mouille aucune,
Belle lune entière.

Il y avait de vieux hommes, grands connaisseurs en lunaisons. Ils avaient observé que si à son quatrième et à son sixième jour le temps reste le même, ce temps mènera la lunaison jusqu'à sa fin. D'autres, se fiant à ce qu'ils voyaient plus qu'à ce qui se raconte, considéraient les aspects de la lune. Quand elle se renouvelle en temps serein, disaient-ils, que son croissant luit sans aucune tache et donne, au troisième jour, une lumière petite mais vive, qu'au quatrième jour ses cornes sont pointues, c'est du beau temps jusqu'à la pleine lune. Si elle continue de paraître brillante et sans nuages jusqu'à son plein, c'est du beau temps pour tout son cours. Si, au contraire, elle n'a été visible qu'à la quatrième nuit et qu'il y ait vent du sud, cela annonce de la pluie jusqu'à son renouvellement.

A la nouvelle et à la pleine lune, très souvent vient la pluie, sans que le temps reste trop dérangé. Souvent aussi le vent change complètement avec la lune.

Une remarque veut qu'il fasse plutôt beau dans son croissant, plutôt mauvais dans son décours :

Cornes de la lune en haut, beau temps;
Cornes de la lune en bas, mauvais temps.

Sans doute mieux que son cours et sa figure, sa mine dénote quel temps se prépare au fond du ciel :

Lune claire, luisante et blanche,
Promet journée franche.
Lune brillante et blanche en même temps,
Pour plusieurs jours te promet du beau temps.

Il faut que ses pointes soient aiguës et non pas comme doubles dans un ciel troublé. Il faut qu'elle soit claire en sortant de l'horizon ou que l'espèce d'anneau qui peut l'environner alors, dès qu'elle s'est élevée au-dessus de la vapeur traînant sur les lointains, se dissipe. Qu'elle se montre nette, éblouissante, mais avec des taches bien visibles où l'on prétend voir sur sa face la figure d'un homme chargé de ramée. Qu'elle monte ainsi dans la sérénité de la nuit d'été, sur les entassements de granits et les bouquets de sorbiers des monts, éteignant les étoiles, toute ceinte d'éclats en larges échardes dont la lueur donne aux yeux.

Une brouillée,
Pluie assurée.

Brouillée, elle fait dire d'elle comme d'un papier buvard, qu'elle boit. Sa lumière détrempée se noie à l'entour dans un brouillard. Ses cornes paraissent émoussées. Si elle est pleine, sa face est pâle et terne. Un halo l'entoure, un anneau verdâtre, rosâtre; et plus il est grand, plus le mauvais temps est prochain. Si le vent du midi souffle, demain sans faute, il va pleuvoir.

Ces aspects divers de la lune, on les a mis en un dicton :

Lune pâle, c'est la pluie;
Lune rougeâtre, du vent;
Lune blanche, du beau temps.

Dans les temps où la lune ne paraît pas dans le ciel, lève encore la tête et cherche les étoiles. Si elles se montrent en très grand nombre, scintillant de rais extrêmement vifs et déliés, aux tons rosés et verdis d'un prisme qui serait plutôt lumière de diamant que couleur d'arc-en-ciel — et l'on en découvre toujours de nouvelles, dans le ciel, clignantes, brillantes, cassantes, — c'est signe de beau temps. Que ces nuits de juillet sont grandes, alors, au-dessus des collines où la petite ville dormante s'étale, laissant couler en leurs miroitantes clartés la route et le fleuve.

Si les étoiles semblent larges, nébuleuses, diluées dans un ciel pourtant sans nuages, c'est signe de pluie. En cette saison, lorsque le vent souffle de l'est, et qu'elles paraissent plus grosses qu'à l'ordinaire, on peut s'attendre à de soudaines averses.

Août

Les dictons d'août

Voilà que la pluie qui menaçait de tout moisir en juin serait la bienvenue :

Quand il pleut en août,
Il pleut miel et bon moût.

Ha, si désirée qu'ait été la pluie, bientôt elle lasse :

La pluie, le vent et les parents,
Après trois jours sont ennuyants.

Naturellement, on désirerait encore de larges journées sans menace d'orage, sans nuage de grêle et point tellement chaudes.

Si le temps est clair et serein;
C'est bon augure pour le vin.

Mais à quoi bon chercher à prédire? En Limousin, on dit très sagement :

Il vaut mieux que je me trompe
Que si les blés se trompaient.

On dit aussi, pour ceux qui regrettent avec des si, des mais..., qui comparent à l'année précédente :

Ne regarde pas tant la récolte d'antan;
Mieux vaut bonne année que bon champ.

C'est le temps de la canicule où les fontaines tarissent, où les sentiers se craquellent, où l'on voit les grillons courir à travers les graviers, les petites fleurs et les maigres touffes roussies des friches. Les matins sont agréables en montagne où les clochettes mélangées à la fougère tremblent au bord du sentier pailleté de mica. Des criquets aux ailes bleues partent de toutes les broussailles. Le jus des airelles est frais au gosier, et du tournant d'où l'on a tant de vue, en grand air à l'éperon du mont, on a plaisir à recevoir sur la figure un souffle de bise.

Mais de gros nuages blancs roulent derrière les cimes de pierre. On se souvient que c'est la saison des brusques orages. N'est-ce pas pour cela qu'on a dit :

Les nuits d'août
Trompent les sages et les fous.

Ces belles nuits traversées d'étoiles filantes où le chemin de Saint-Jacques blanchoie dans la largeur du ciel. Ou le dit-on parce qu'elles allongent et déconcertent autant ceux qui voudraient dormir sans souci que ceux qui songent au travail pour quoi la journée sera toujours trop courte.

Qui dort en août
Dort à son coût.

En août et en vendanges
Ni fêtes, ni dimanches.

Il faudra pourtant ne pas se tuer aux besognes et vivre sobrement.

En canicule, point d'excès;
En aucun temps, point de procès.

Par ces lourdes chaleurs sont à craindre sinon les coups de sang, du moins les tournements de tête.

En juin, juillet, août;
Ni gros ni petit chou.

On vivrait d'un croûton et de trois feuilles de salade.

Au mois d'août
Il fait bon aller chercher salade et ciboule.

Surveille-toi et de peur que le vin ne te monte à la tête, bois de la belle eau fraîche.

Mis d'eû
Mis de deu,

dit-on en patois : mois d'août, mois de deuil.

Le mois d'août
Porte souvent le deuil un peu partout.

Et il ne s'agit pas de la foudre dont le craquement formidable éclate dans un sursaut de feu rose. « Cette fois, le tonnerre a dû tomber! » crient les gens qui se jettent à la fenêtre; et il arrive qu'on voit là-bas, à la lisière des prés, la moitié d'un chêne déchiré s'abattre à grand fracas sur l'herbe, tandis que la nuée crève à pleins seaux. Puis l'orage semble s'éloigner, tourne, revient, gronde toute la nuit, revient sans cesse durant parfois une semaine.

Temps dérangé par tempête et foudre
Restera dérangé neuf jours.

Heureux encore si l'on a échappé à la grêle, qui écrase les blés au sol, en faisant un feutrage pareil à celui d'un pré non fauché après les pluies d'automne. Comme si le rouleau avait passé là-dessus. Quelle pitié de voir en cinq minutes, sous cette mitraille de glace déversée par la nue, aller à rien tant de travail et le fruit des saisons. On dit bien :

Tout ce qui fleurit
Ne mûrit...

Si chaque fleur donnait un fruit, ce serait trop beau. On ne s'y attend pas. Que le gel brûle la fleur, que la pluie coule, on l'accepte. Mais non pas la grêle, sa violence, cette façon qu'elle a de ressembler à une malédiction, à un châtiment particulier s'abattant sur vous, un domaine étant frappé, alors que le voisin est épargné. De la montagne, une fois, j'ai vu la grêle tomber d'un nuage sur un pan de la vallée, comme le sable se déverse d'un tombereau : une moitié de la petite ville fut lapidée, vitres brisées, arbres effeuillés, voire ébranchés, jardins hachés, dévastés; l'autre moitié n'eut pas grand mal. Beaucoup de paysans se font des idées là-dessus, et selon que la paroisse est grêlée ou non ils pensent du bien ou du mal de leur pasteur...

Souvent, en août, le temps se rafraîchit ainsi brusquement. En altitude, il est d'étranges brouillards sous lesquels le pays apparaît quasi blanc, comme sous le gel et le givre. Or, les châtaigniers sont en fleur, leur sombre roue de feuillage toute brodée de longues chenilles d'or pâle.

Brumes d'août en montagne
Coulent les châtaignes.

Il faudrait pourtant du soleil encore :

Ce qu'août ne mûrira pas,
Ce n'est pas septembre qui le mûrira.

Le jardin

C'est le temps de recueillir la graine de laitue, comme aussi celle de ciboule, d'oignon, de poireau. Dans les pavillons des jardins, on voit ainsi, près d'un vieux chapeau de jonc, pendues dans l'embrasure de la fenêtre, de grosses boules parcheminées et des hampes pelucheuses. D'autres graines s'étalent sur des journaux jaunis; on respire là une odeur sèche et rurale de tresses d'ail, de bottes de thym. Il y a une jonchée de fourmis ailées par terre. Un soleil un peu brouillé par les écheveaux tordus des longs cirrus décalque sur la chaux du mur deux feuilles de vigne vierge.

On sent que tout durcit, que la sève ne montera plus. Avant de récolter les oignons, s'ils n'ont pas laissé tomber leurs fanes, on les abat avec le dos d'un râteau, ou bien on roule un tonneau dessus, de façon à briser les tiges, pour que la sève reste dans les bulbes et qu'ils profitent mieux. On coupe les vieux montants des artichauts, dont on a ôté la pomme.

Semer encore des raves pour l'automne, et des épinards, à condition d'arroser souvent quand ils lèvent. Semer aussi le cerfeuil, les mâches d'hiver, les carottes de printemps, les salsifis, les scorsonères, la laitue de la Passion qu'on replantera en pleine terre sur côtière, avec les choux d'York et les choux pain de sucre. Le jardinier doit connaître son jardin. Certains terrains donnent des pois jusqu'aux gelées; en d'autres, passé juillet, la récolte est finie. Telle exposition, tel sol demandent des semis d'automne avancés de quinze jours. C'est ce que dit le paysan : « Cela fait, chez nous », ou « cela ne fait pas », et le jardinier doit savoir ce qui, dans son jardin, fait ou ne fait pas.

Lier les chicorées et les scaroles, sans trop serrer le lien du haut, de peur que le milieu ne crève; empailler les cardons, butter les céleris. Les concombres, les cornichons, les choux-fleurs, les cardons, veulent de nombreux arrosages, lors même qu'il pleut un peu. C'est le temps de la canicule, de la chaleur étouffante, sous un azur blanchissant, où l'horizon s'efface, comme charbonné, au bas du ciel; pas un souffle dans les arbres, et les poules se creusent des nids de poussière sous les haies d'épine. Le champ de trèfle même, en profonde laine verte à semis roses, que les ombelles de carottes sauvages tachètent de place en place, se flétrit; et l'odeur tiède, sucrée, délicieuse qui en sort, semble celle, amortie, d'une chose cuite.

Faire de nouveaux plants de fraisiers pour remplacer ceux qui ont plus de deux ans. Au jardin de fleurs, toutes ces fleurs annuelles d'automne, un peu épaisses ou un peu laineuses, comme balsamines, œillets d'Inde, reines-marguerites, doivent être en place; sinon, vite les y mettre en les levant avec la motte. Serrer les marcottes d'œillet, semer les quarantaines à repiquer, et en place pour le printemps, les adonis, les pensées, les pieds-d'alouette, les œillets de poète, les monnaies du pape.

Au verger, on aura fait les pincements et il faudra maintenant palisser les espaliers, c'est-à-dire donner leur direction à toutes les branches, sauf à celles qui sembleraient faibles et qu'on laisserait encore un peu en liberté. Il est bon de découvrir les fruits; celui qui aura su prendre toute la chaleur du soleil sera de meilleur goût et de couleur plus vive que celui qui sera resté à l'ombre des feuilles de son arbre. C'est le mois d'août qui donne aux fruits leur suc et leur sucre. Au soir, après l'orage, quand un bouillon épais de nuages gris-mauve et rose court le long d'un ciel verdi, transparent comme une vitre pure, tandis que le peuplier argenté cliquette de toutes ses feuilles dans l'air lavé, le crépuscule fraîchit vite et sent déjà l'arrière-saison.

Proverbes des paysans

QUAND LE VIN EST TIRÉ IL FAUT LE BOIRE.

MAITRE QUI VEUT, VALET QUI PLEURE,
LARMES PERDUES.

LE LIT DUR FAIT LA TAILLE DROITE.

FAUT PAS T'ÉTONNER
TANT QUE TU NE VOIS TES BOYAUX TRAINER.

LOU PO DUR
TEN L'OUSTAL SEGUR.

(Le pain dur
Fait la maison solide.)

PER BIEURE DE BOUONO AIGUE
CHAUT NA VÈS LA BOUONO FONT.

(Pour boire de bonne eau
Faut aller à la bonne fontaine.)

Chanson de la bergère et du monsieur

Eran soubre un champ de fourment, (bis)
E la bargeiro s'eigalhavo,
Vo-ho-ho!
E la bargeiro s'eigalhavo.

Étions sur un champ de froment,
Et tant s'en donnait la bergère,
Vo-ho-ho!
Et tant s'en donnait la bergère.

S'eigalhavo toto la nut (bis)
E lou jour illo se pèuvavo,
Vo-ho-ho!
E lou jour illo se péuvavo.

Ell' s'en donnait toute la nuit
Et le jour elle faisait la pause,
Vo-ho-ho!
Et le jour elle faisait la pause.

Nen vengué passa uen moussieu : (bis)
— Bargeiro, bailo me tou amours,
Vo-ho-ho!
Bargeiro, ballo me tou amours.

En vint à passer un monsieur :
— Donne-moi tes amours, bergère,
Vo-ho-ho!
Donne-moi tes amours, bergère.

— *Moussieu, mou'amours soun pas per vous,* (bis)
Soun pèr uen bargei dau viallage,
Vo-ho-ho!
Soun pèr uen bargei dau viallage.

— Monsieur, mes amours n'sont pas pour vous,
Sont pour un berger du village,
Vo-ho-ho!
Sont pour un berger du villagc.

— *Toun bargei qu'a lous pèds tiarrous* (bis)
E de cop la têto moulhado,
Vo-ho-ho!
E de cop la têto moulhado!

— Ton berger qui a les pieds terreux
Et parfois la tête mouillée,
Vo-ho-ho!
Et parfois la tête mouillée!

— *E vous, Moussieu, qu'sès d'à chàvo* (bis)
Vous sès sujet en la rousado,
Vo-ho-ho!
Vous sès sujet en la rousado!

— E vous, Monsieur, qui êtes à cheval,
Vous êtes sujet à l'ondée,
Vo-ho-ho!
Vous êtes sujet à l'ondée!

S'il pleut le premier août,
De regain guère ou point du tout.

Encore un de ces dictons qui sont à croire ou à laisser croire, comme dit, clignant de l'œil, le vieux moissonneur dont la chemise bâille sur un poitrail couleur de brique.

En tout cas, bénis le soleil, même s'il rôtit le pré, le change en paillasson; — à sa marge et au bord du fossé, sous l'ombre ronde du noyer, il n'y a plus pour toute fleur qu'une touffe de mauves.

A la Saint-Dominique (le 4),
Ne te plains si le soleil pique.

Dans nos pays du Centre, c'est le gros moment de la moisson, non plus des orges, des avoines, mais du bon blé à pain.

A la Saint-Laurent,
Faucille au froment.

Semer déjà, même là-bas, du côté du Midi où ils sont si en avance, ce serait bien tôt.

CE QU'AOÛT NE MURIRA PAS, CE N'
EST PAS SEPTEMBRE QUI LE MURIRA
37

LA PLUIE, LE VENT ET LES PARENTS
APRES 3 JOURS SONT ENNUYANTS
38

Qui sème pour la Saint-Laurent
Y perd sa graine et son temps.

Tout grille et rôtit, comme les fleurettes et la petite herbe, entre ces roches qui se bombent dans la bruyère, et un lézard se sauve, brusquement, quand tu passes. Il fait terriblement chaud. Le temps se porte sec. On espère pourtant que la pluie va venir. C'est pourquoi l'on tient que :

Saint Laurent arrange le blé noir.

Déjà piétinent et pépient les couvées dans les taillis, les bruyères.

A Saint-Laurent,
Les perdreaux sont mouillés.

Cette pluie, il n'y a pas à lui faire mauvais visage :

Quand il pleut pour la Saint-Laurent,
La pluie vient assez à temps.

Mais dans peu le bouillon te semblera venir à contretemps.

A la Sainte-Radegonde (le 13),
Quand l'eau abonde,
La misère est dans le monde.

Cela gêne trop pour lever les blés, — ils devraient déjà être levés en beaucoup de contrées.

A la Saint-Eusèbe (le 14),
Au plus tard, fais battre ta gerbe.

Si les averses se succèdent encore, les javelles qui séchaient, gisant sur le chaume, menacent de germer, de pourrir.

De Saint-Laurent à Notre-Dame,
La pluie n'afflige pas l'âme,

disent pourtant ceux qui sans doute voient souvent le pays cuit par la sécheresse...

Enfin, voici la Bonne-Dame, la grande fête de l'Assomption.

La Vierge du quinze août
Arrange ou défait tout.

La pluie viendrait encore bien pour les regains, les raves, les pommes de terre et les fruits du verger. Les noix à présent sont quasi prêtes : comme des œufs verts dans leur ronde verdure, au-dessus des chemins qui mènent aux métairies.

A la mi-août,
Les noix ont le ventre roux.

C'est le plus grand temps des fêtes de village, entre les travaux de l'été et ceux de l'automne. Beaucoup de paroisses, sous les grands poiriers chargés de poires, ont pour patron saint Laurent, saint Roch, saint Barthélemy, saint Louis, saint Fiacre. La limonade pète et inonde les tréteaux, devant l'auberge

QUAND LE VIN EST TIRÉ, IL FAUT LE BOIRE.
39

CHANSON DE LA BERGÈRE ET DU MONSIEUR
ÉTIONS SUR UN CHAMP DE FROMENT, ET
TANT S'EN DONNAIT LA BERGÈRE
ELLE S'EN DONNAIT TOUTE LA NUIT
40

d'où sort la grosse musique de l'orchestrion, et les jolies demoiselles reculent sur le banc en poussant des cris...

Déjà il faut allumer la lampe pour le repas du soir. Les matins et les soirs fraîchissent et les gens qui vivent à plus de 1.000 mètres savent bien dire :

Après la mi-août,
Adieu les beaux jours!

ou même :

A la mi-août,
L'hiver en route.

Il paraît que le dimanche qui suit la Saint-Roch (le 16), il peut bien faire quelque averse, quelque orage, mais qu'il ne pleut jamais tout le jour.

Pour la Saint-Roch, des vieilles commencent à veiller.

Pour Saint-Roch,
A ta quenouille file gros.

A la Saint-Bernard, qui arrive quatre jours après, (le 20), toute la grosse affaire des moissons doit être finie.

Quand arrive la Saint-Bernard,
Si tu ne te trouves en retard,
Ton blé n'est plus sous le hangar,
Et le moissonneur a sa part.

Pour les veillées, beaucoup ont attendu la Saint-Barthélemy, qui vient le 24.

A la Saint-Barthélemy,
La quenouille sort du nid.

Le laboureur doit avoir rentré ses récoltes. Aussi ses anciens lui donnent-ils un bon conseil :

Saint Barthomiu,
Paie ton dû.

Puis, qu'il remette sa bourse en poche, remonte ses braies, retrousse ses manches, et qu'il se prépare aux semailles.

A Saint-Barthélemy,
Semence aux dedis (doigts),
Sème au jour qui suit.

Oui, sème avant les pluies qui vont venir à présent.

Saint Barthélemy
Met l'eau au rif,

au ruisseau, dont l'eau roussâtre sent fort sous les vergnes poisseux. Écoute le fermier qui bougonne :

La pluie de Saint-Barthélemy,
Si tu t'en moques, non pas mi.

Ceux qui prennent tout bien disent qu'elle est bonne pour faire monter l'herbe et grossir les pommes de terre.

Quand il pleut pour Saint-Barthélemy,
Regains et triffes (pommes de terre).

Mais, au matin, l'air fait aller plus froidie son haleine et, après la pluie, une fraîcheur risque de vous saisir. On se passerait bien d'elle, déjà :

Pour Saint-Laurent,
La pluie vient à temps.
Pour Notre-Dame,
Encore on l'ame.
Pour Saint-Barthélemy,
Tout le monde en fera fi.

Maintenant, on tiendra que la pluie gâte les fruits de la terre. La lune doit-elle changer alors, souhaite que la lunaison qui s'annonce soit belle :

Si la lune de la Saint-Louis
Se fait en beau, sois réjoui.

Sinon la noisette va moisir, qui tombe avec la pomme véreuse dans les fossés pleins d'eau, le long des haies.

A Saint-Privat (le 26),
La noisette est dans les bolats (fossés).

Le temps de l'année où le soleil travaille pour l'agriculteur est près de finir. La ménagère songe aux provisions d'hiver.

Entre les deux Notre-Dame,
Gardez tous vos œufs, Madame.

Car ceux-là sont de bonne conserve, de Notre-

Dame d'août à Notre-Dame de septembre. Dans les cantons de soleil où l'on récolte des châtaignes et où l'on fait du vin, on rit encore aux averses.

S'il pleut entre les Notre-Dame,
C'est tout vin et tout châtagnes.

La campagne. — A chaque pas des sauterelles partent, crépitantes, pullulantes, comme des graviers projetés; des graviers couleur de ce chaume même et de sa maigre mauvaise herbe salie de sable. Des gouttes inexplicables m'arrivent sur les mains. A peine pourtant si le ciel est brouillé de ces nuages en fibrilles qu'on nomme queues de cheval. Encore des gouttes... C'est l'eau de l'orage d'hier, restée dans les chalumeaux, et qui part comme les sauterelles, quand les pailles se relèvent après notre passage. « Ma grand-mère pouvait marcher pieds nus sur les chaumes, dit mon compagnon. Il y a une façon de pousser le pied qui courbe les tiges. Seulement il faut savoir. »

Nous allons sur le dos de la colline. Une faucille, dans un blé, fait le même bruit qu'un coup de vent bref dans la feuille des frênes. Au-dessous de nous, les prés-vergers se creusent en vaisseau de verdure. On dirait d'un parc, avec ces enfilades de pommiers, et cette bordure de grands arbres, diversifiés moins maintenant par les tons de leurs verts, tous assombris, que par le port de leurs branches. Plus haut que leurs têtes, sur la côte de genêts, de pierrailles, deux blanches demoiselles se hissent comme des chèvres.

Parties vers quel sommet invisible d'ici, vers quel ciel?

... Au fond des prés, nous sommes tombés sur une vieille qui garde sa vache. C'est-à-dire qu'assise contre un pommier, entrecroisant les bobinettes sur son coussin de dentellière, elle fait de la dentelle. Je sais qu'elle est allée à Rome, autrefois. Mais sous le pommier retombant, ce renfoncement vert, la laine du pré avec trois fleurs jaunes et le pompon rose d'un trèfle, le tabouret de bois, la taupinière, la limace creusant une pomme tombée, tout cela paraît si loin des trains, des pays étrangers, du voyage...

— ... Et même, après Rome, j'ai suivi le pèlerinage à Pompéi. Mais là, c'est tout des ruines, des châteaux féodaux, c'est pour les personnes instruites.

— Et Naples? Et le Vésuve?

— Oh! c'est pas grand-chose... ça fume...

La vache, à trois pas, broute et souffle, raflant l'herbe, avec le bruit d'une onde flaquant sa rive. La bonne femme s'est remise à l'ouvrage. La voilà toute à sa besogne toujours pareille, dans ce lieu qu'on ne saurait imaginer plus retiré, plus coi, plus calme, plus couvert. Tapie comme quelque cri-cri dans les feuilles d'herbe, sous ce pommier bossu. Du pied de mousse monte une vieille fissure, d'où très bas le tronc fourche : les branches s'écartent, s'abattent, et sous leur charge de pommes aux joues brunissantes, elles vont toucher l'herbe, moins en longs brins, ici, qu'en ramages de feuilles larges — plantain, oseille, scorsonère, scabieuse, d'autres encore, d'ombellifères, plus jaunes ou plus sombres. Cela fait comme une chapelle, comme une cloche de torpeur végétale, qui, quand on y a fait trop longtemps clôture, doit vous accompagner jusqu'au Vésuve, jusqu'à Rome.

Les travaux. — En août, on arrachera le lin, le chanvre. On épamprera, c'est-à-dire qu'on ôtera les feuilles à l'entour de la grappe, afin qu'elle reçoive plus grande chaleur du soleil. On fera son verjus. On pensera à préparer ses tonneaux et les autres choses nécessaires pour les vendanges. On fouira la terre pour faire des puits ou pour trouver, s'il en est besoin, des fontaines.

Les signes. — Les orages sont à craindre en ce mois, quand le soleil a paru plus chaud que de coutume à son lever et à son coucher. L'air a pris une qualité de transparence, un cristal qu'il n'a pas aux jours ordinaires. Les marins savent bien qu'il faut se défier des journées qui ont cette inquiétante limpidité de liqueur, et où l'on aperçoit des côtes, des îles, des pics, qui devraient rester invisibles dans les distances. Le gros temps va survenir.

La chaleur peut se faire opaque, laiteuse, étouffante. Dans les chemins, entre les plantains poussiéreux, la terre se craquèle. C'est à la rencontre de vents opposés que naît la tempête. On voit les nuages voyager au rebours des fumées qui se courbent sur les toits, ou glisser en sens divers, formant d'épaisses nuées dans les hauts courants qui se contrarient. Les météores ont pris une figure ou une marche étrange.

Brusquement une fumée de poussière se soulève, tournoie, se promène, va se défaire sur les champs moissonnés. Les brindilles traînantes que les basses branches ont prises aux chars de gerbes se soulèvent et partent parmi l'air volant.

Les mouches sont devenues plus méchantes, mais plus lourdes. Les moucherons ne s'élèvent guère de terre, ni les cousins qui bourdonnent en plus haut ton. Les taons piquent; ils s'acharnent après les bêtes, après les hommes, et le charretier suant, son fouet autour du cou, s'essuie le front d'un revers de main sans pouvoir les chasser. Au fond du clos, les abeilles ne se sont guère écartées de leurs paniers de paille. Ou si elles l'ont fait, — la brusquerie d'un orage en cette saison peut toujours surprendre, — elles reviennent en ronflante nuée.

Gagnant leur fourmilière, les fourmis s'affairent, rentrent leurs œufs. Les vers de terre, eux, creusant leur chemin en tarière, sortent du terreau. Les grosses espèces de limaçons et d'escargots pointent hors de leurs caches, montrant leurs cornes. Se tirant de leurs trous, les crapauds, plus enflés qu'à l'ordinaire, se traînent du côté de l'ombre. Et dans le fossé qui sent fort la vase, entre les sabres verts des glaïeuls, les grenouilles mènent sans ordre tout un tapage et tout un train.

Pour marcher à reculons sur le sable et les pierres du bord, les écrevisses abandonnent le ruisseau. Surtout, là-bas, dans la rivière, le poisson blanc saute hors de l'eau, d'un claquement brusque.

Le long de la haie où l'on jette les tessons, au milieu des ciguës, des orties blanches, les poules se creusent des nids dans la poussière, et s'épouillent, se roulent, en faisant bouffer leurs plumes. Pareillement les perdrix, aux bords des friches. Cela sent bien l'orage, aussi, quand les oiseaux de la volière se béquètent, se lustrent, s'épluchent du bec, quand les oies courent, ailes déployées, comme pour se mettre au vol, et qu'elles se précipitent au pré en gergonnant, que les canards criards et inquiets cancanent bruyamment, se poursuivent, s'aspergent, plongent dans la mare. Les pigeons, sans s'éloigner, picorent derrière la grange, tout prêts à se réfugier d'un trait au colombier. On dit qu'ils annoncent la pluie pour le lendemain lorsqu'ils reviennent plus tard, le soir; ou encore lorsque, posés au bord des tuiles, sur le toit, ils présentent leur jabot au levant. Le paon qui chante, qui appelle « Léon » de ce cri pareil dans le soir sombre au grincement d'une griile rouillée, dit aussi que l'averse ne tardera plus. Le pivert de même; et on l'a nommé l'oiseau de la pluie, pour l'avoir vu si souvent voler en criant d'un vol qui va par ondes, alors qu'au ciel bas s'échelonnent les bourrelets noirs des nuages. Il semble fuir et chercher un refuge, et son cri se fait presque pareil au hululement de la chouette.

Si Becquebois dit sa chanson
Ramasse ta moisson.

Quand les corneilles ont paru de bonne heure pour crier de façon plus entrecoupée; quand l'alouette chante de grand matin, que le pinson se fait plus familier encore, pour pépier à l'entour du logis, et de même du rouge-gorge; que les moineaux gazouillent davantage et se baignent avec turbulence dans les flaques, que le roitelet saute et chante, que la bergeronnette sautille au long du fossé, que le martinet et sa nichée étendent leurs ailes au soleil, c'est que le temps va tourner au vilain.

Les odeurs, toutes les odeurs, — celle d'une pièce de bois vermoulue, dans le bout du hangar, celle de la mélisse et celle de la tanaisie, dans le coin du jardin aux herbes de médecine — sont de grande force. Le fermier, par le raidillon, va jusqu'au haut de la côte. Il regarde d'un certain côté. Dans chaque canton, les gens savent de quelle trouée, de quel pan de lointain, en ce mois d'août, peut sortir l'orage. Si ce pan-là est dégagé, même si, par ailleurs, le ciel menace, toute cette affaire de vent à tout arracher, d'averse à tout noyer, de foudre à tout casser, toute la diablerie, enfin, tournera. On n'en aura que la queue. Mais si, là-bas, la nuée monte, déjà voilée, palpitant aux éclairs, elle va nous arriver dessus. Passé la Saint-Jean, c'est le vent d'est qui amène le moins d'orages, le vent du sud ou du sud-ouest qui en amène le plus.

Tonnerre au levant,
Ce sera du vent.
Tonnerre au midi,
Ce sera la pluie.
Tonnerre au couchant,
Orage et gros temps.

S'il fait très chaud et que le vent souffle depuis deux, trois jours; si deux masses de nuages apparaissent de deux côtés de l'horizon, en montagnes qui s'enflent, s'accroissent, s'ombrent d'un gris qu'on sent épais, ce temps qui se charge amènera quelque tempête. Souvent, juste avant l'éclatement, le vent se lève en furieuse bourrasque. Mais si, tandis que paraissent ces signes, des nuées noirâtres viennent à blanchir et à se mêler à d'autres nuées blanches, si des nuages jaunâtres se déplacent avec lenteur, quoiqu'il fasse un grand vent, si le ciel était pâle, vers l'est, avant que le soleil sorte, et que les premiers rayons aient paru renvoyés par toute une épaisseur de nuages livides et miroitants, alors, il faut s'attendre à la terrible grêle. On entend dans l'air son roulement comme celui de l'écrasement en marche. On dit qu'elle ne tombe pas la nuit. Du reste :

Éclair de la nuit
Ne passe le puy.

Et l'on tient en effet que :

Temps dérangé par tempête et par foudre
Reste orageux l'espace de neuf jours.

Septembre

Les dictons de septembre

Septembre se nomme
Le mai de l'automne.

De mai, il a les teintes fines, souvent la tranquillité un peu brumeuse, les tiédeurs et les fraîcheurs mêlées, les matins trempés de rosée et les couchants où l'air tout entier prend la couleur de la chair de fraise. Mais le colchique qu'on nomme encore veilleuse ou doigt des morts, fleurit dans les prés froids. De bonne heure on va cueillir les champignons rosés, les boules de neige, sortis là par traînées durant la nuit.

Quand on a vu rougir les sorbes, les cornouilles, les poires d'oiseau, lorsque les alises sont mûres, les grives descendent des montagnes. Ce serait le temps de partir pour la chasse. Mais peut-on s'amuser à cela?

En septembre,
Les feignants peuvent s'aller pendre.

(Feignant, ce n'est pas fainéant, — qu'on prononçait fait-niant, — c'est le participe présent du vieux verbe feindre, qui signifiait hésiter, reculer devant l'effort.)

Le travail ne manque pas : d'abord les récoltes :

Beau septembre
Emplira les chambres.

Les chambres de bois du grenier, où l'on met par tas l'avoine, l'orge, l'épeautre, la touzelle, le seigle, le froment. Et puis viennent les vendanges.

Après le pain,
Le vin.

Août mûrit, septembre vendange.
En ces deux mois tout s'arrange.

Et le déchaumage, et la fumure, et les semailles.

Il faut semer pour voir venir,
Avant de recueillir.

Mais attention. Si l'on dit :

Qui sème récolte.

cela ne veut pas dire qu'il faut semer beaucoup pour récolter beaucoup. Tout au rebours :

Sème clair pour récolter dru.

Choisis bien ton sol :

Sème ton seigle en terre poudreuse,
Ton froment en terre boueuse.

Et choisis bien ton jour aussi ; car si la pluie arrive deux, trois jours après que tu as jeté ton grain dans telle pièce de terre argileuse, des mottes se forment plus dures que caillou, qui l'étouffent. Tant de besognes de tous les côtés, à main gauche, à main droite.

Si en automne ne te lèves matin,
A ton hiver tu verras pauvre fin.

Souhaite donc d'avoir le temps qui convient, beau et chaud. On dit que quand le temps des vendanges est clair, sur les vignes étagées en terrasses, aux pentes sèches des vallées, cela présage un hiver venteux.

Quand la cigale chante en septembre,
N'achète pas de blé pour le revendre.

Parce que les semailles vont se faire dans de bonnes conditions, que le blé lèvera bien, et qu'il sera à bon marché l'année prochaine.

Regarde si les étoiles filent, pour faire un vœu, vite, mais aussi pour savoir s'il y aura du vin.

Quand force étoiles filent en septembre,
Tonneaux trop petits en novembre.

Si l'été a été de ces bien chauds, bien dorés, sous un gros soleil tout bourdonnant au large des campagnes, il y a des chances pour que le temps se maintienne. Ou du moins pour que les chaleurs continuent, coupées d'orages.

D'été bien chaud vient un automne
Pendant lequel souvent il tonne.

Mais le temps reste au beau fixe. Les chaumes, où quête le chien du chasseur, ont une odeur de paille tiède, de poussière, de poussière et de plantes âcres, des petites labiées blanches poussées là entre les chalumeaux. Au chemin qui descend vers la métairie, les grands arbres laissent pendre un branchage accablé, assombri, et près de l'abreuvoir, dans l'enfoncement du talus, à cet endroit toujours fangeux et plein de joncs, la boue où ont marqué les pas des bêtes, toute crispée, est maintenant grise comme la pierre. A peine si l'eau coule goutte à goutte au chéneau de bois. Il n'y a que cet égouttis et le faible roulement d'un char, là-bas, qui doit rentrer au village. Quel calme sur la soirée, comme si l'heure et la saison n'avançaient plus!

Venant à la fin d'un été sec, septembre peut ainsi aggraver péniblement la sécheresse. Ou bien au rebours, il va, pluie sur pluie, noyer les campagnes.

Septembre
Emporte les ponts
Ou tarit les fonts (fontaines).

Le plus souvent, vers le moment de l'équinoxe, aux vents qui soufflent alors, le temps s'embrouille. Il y a, dans son bleu, des nuées tordues en écheveau ou pareilles à des quenouillées — on dit que « le temps file ». Ce bleu même change, tourne à l'indigo, verdit, et la lumière semble vieillir un peu, jaunissant comme vont faire les arbres.

Quand le soleil
Passe sur la Tour de Babel,
Il est plus breneux que bel.

Cela signifie qu'à l'équinoxe le temps se trouble. On entre dans l'automne, ou, comme disent les paysans, dans l'arrière-saison.

Le jardin

En septembre on continuera les travaux du mois précédent. Si le temps l'a permis et que tu aies bien travaillé, ce sera un mois de vacances, tout au moins de cueillettes. Mais ne l'espère pas. Celui qui a un jardin y voit toujours à faire, et il n'aura de vacances que dans le jardin retrouvé qui sera le paradis.

Semer encore ce qui pourra être recueilli avant les gelées : raves et radis, salades et même haricots, si l'on a des châssis pour les protéger des froids. Continuer à empailler les cardons et bien les butter de terre, si l'on a peur que les vents ne les rompent. Butter aussi les poirées, les céleris, et l'on peut couper les bouts pour que le pied profite davantage. Arroser les choux-fleurs, sans plaindre l'eau, et couvrir les têtes de ceux qui commencent à pommer en rabattant les feuilles les unes sur les autres. Le matin, des gouttes roulent sur ces grandes feuilles d'un vert bleu, gras et froid; elles craquent et cassent, couvrant la petite tête mamelonnée, couleur d'ossement. Il fait frais; il y a une odeur de céleri et de fanes de pommes de terre dans l'air; des fils de la Vierge flottent avec lenteur et se prennent aux pommiers en cordons.

On fera bien aussi de fouler aux pieds les feuilles des betteraves, des panais, des carottes, pour que la sève restant dans la racine leur donne plus de croît.

Si on ne l'a fait en août, on plante les jeunes fraisiers en bordures ou en planches. On doit continuer d'avoir des fraises des quatre saisons et récolter des remontants à gros fruits. C'est la seconde floraison des roses. Il y a des dahlias, des fuchsias, des cannas, mais aussi la véronique, l'héliotrope, le glaïeul, la sauge, la gaillarde, tant d'autres... Si l'on a des changements à faire dans les massifs, remuer la terre dès à présent pour qu'elle soit affaissée et reposée lorsqu'on y plantera. Semer toutes les fleurs qui passent l'hiver sans abri : la corbeille d'argent, qui fait si bien en bordure, comme une épaisse passementerie verte et blanche, près des puits, des thuyas, des vieilles tonnelles en treillis de lattes : la pâquerette, toute rouge, et grosse, et serrée; la primevère des jardins, l'anémone, la campanule miroir de Vénus et le muflier gueule de loup.

Il fait bon préparer cela par ces grands soirs si assoupis qu'il semble n'y avoir plus d'heure. Une femme assise garde ses trois vaches dans son pré retondu et les feuillages assombris des noisetiers balançant à peine penchent vers l'herbe courte, où l'on voit encore deux scabieuses. De longues rayées de gris bleuté ou d'argent faiblement doré passant à travers la nuée et traînant avec lenteur se déplacent vers le large de la plaine.

Si tu n'as pas de vendanges à faire, pas même de noix à gauler, le verger ne te donnera pas beaucoup d'ouvrage. Il n'y a qu'à récolter pêches, prunes, poires, noisettes; le chasselas aussi qu'on défend des guêpes en enfermant les grappes dans des sacs de gaze. Alors, pousse la barrière. C'est vraiment le temps des vacances, le temps des chaumes et des friches. Tu iras d'une pente de mousse sèche semée de genièvres à une lande de fougères jalonnée de bouleaux; d'un creux plein de joncs dans les pacages à une place sèche où les clochettes bleues tremblent entre les mottes de serpolet; tu ramasseras ces champignons qu'on nomme des rosés, les jeunes en boule luisante, les vieux hâlés et plats, laissant voir leurs feuillets noirs; tu t'assoiras sur le gazon râpé, au pied d'un gros petit chêne têtard; tu suivras la haie où les cenelles commencent de rougir, ayant devant toi, toute l'après-midi pleine de choses bonnes et sauvages, sans vent, sans cris d'oiseaux, dans le grand calme d'achèvement, qui s'étend jusqu'à ces cantons si lointains qu'ils ne sont plus qu'une autre couleur de bleu, avec leurs boqueteaux, leurs clochers, leurs traînées de villages comme des signes minuscules.

Proverbes des paysans

RAMPAU, VIDAU!
(Tac au tac, Vidal!)

COMME TU ME FAIS,
JE TE FAIS.

LES BONS COMPTES FONT LES BONS AMIS.

LES TIMIDES NE GAGNENT QU'UN COUP
TOUS LES CENTS ANS.

QUI A UNE LANGUE VA A ROME.

LES MENSONGES EMBARRASSENT LES CHEMINS.

LES ÉCRITS SONT DES MALES
LES PAROLES DES FUMALES (femelles).

COMPTE RÉGLÉ
MOITIÉ PAYÉ.

MENAGEA
FA GALLA.

(Aller ménageant
Donne du bon temps.)

Chanson de la bergère aux blancs moutons

Là-haut, là-haut, sur la montagne, (bis)
Il y a des moutons blancs.
Blancs, blancs, blancs et roses,
Il y a des moutons blancs,
Blancs, blancs, blancs et roses,
Et blancs.

La bergère qui les garde, (bis)
Elle est habillée en blanc,
Blanc, blanc, blanc et rose,
Elle est habillée en blanc,
Blanc, blanc, blanc et rose,
Et blanc.

Un beau m'sieur passa près d'elle, (bis)
— Combien gagnez-vous par an ?
Blanc, blanc, etc.

— *Mon beau m'sieur, bien peu je gagne,* (bis)
Pas plus de six écus blancs,
Blanc, blanc, etc.

— *V'nez chez moi, belle bergère,* (bis)
Je vous en donnerai six cents!
Blanc, blanc, etc.

— *Vous couch'rez avec ma mère,* (bis)
Avec moi le plus souvent,
Blanc, blanc, etc.

— *Non, non, j'reste auprès d'ma mère,* (bis)
Et j'y resterai longtemps!
Blanc, blanc, etc.

C'est saint Gilles, saint Gire, en patois, qui ouvre le mois.

Pour saint-Gire (le 1er),
Le mois d'août ne peut plus rien dire.

Autrefois on s'inquiétait de la glandée, non par amitié pour les geais, les écureuils, mais pour nourrir les cochons.

Pluie de Saint-Gilles,
Les glands ruine.

Dans ce mois, tout en parlant des pluies, des vents, des récoltes, on songe aux semailles par-dessus tout.

Quand on sème à la Saint-Léger (le 2),
Le blé sera léger.

Pourquoi pas pour la Saint-Cloud, le 7?

Au sept de septembre, sème ton blé.
Car ce jour-là vaut du fumier.

On laboure partout. De rosés, les pentes charruées deviennent brunes derrière le lent attelage qui verse le champ tranche par tranche. Une puissante odeur de terre se mêle au parfum des fanes qu'on brûle, et dont la fumée s'allonge en coulant au pli de la colline. Le soleil bas s'étale comme un voile doré sur les fils de la Vierge tendus de genêt à genêt, d'herbes folles à herbes folles. Soudainement on peut transir, à la rosée tombante. Très vite les soirs vont raccourcir.

Les veillées tournent descendre
En septembre.

De bonne heure il faut allumer et pendre le chaleil à la poutre, (on donne l'électricité, maintenant, et cela, oui, c'est un progrès qu'on voudrait ne plus perdre).

A la Saint-Cloud,
La lampe au clou.

Les soirs, les hirondelles ne virent plus, lancées en chasse à grands cris au-dessus des toits. Elles tiennent conciliabule sur le départ, alignées aux fils télégraphiques qui longent la route.

La Nativité de la Vierge
Fait fuir les hirondelles.

C'en est fini, maintenant, du gros soleil. As-tu refauché le pré crépu où ne fleurissent que deux, trois fleurs jaunes de scorsonère ?

Après la Nativité,
Le regain ne peut plus sécher.

La Nativité de la Vierge se fête le 8.

A Notre-Dame de septembre,
Le raisin est bon à prendre.

De fait, peut-être est-il déjà un peu tard.

Sème pour la Saint-Denis (le 9),
Tu contempleras tes amis.

Chacun se fait ses idées sur la date des semailles. Ou plutôt... Pourquoi ne pas faire honte au diable et confesser la vérité? Les travaux le poussant, chacun s'arrange du temps qu'il a, et il s'autorise ensuite des dictons, s'il le veut.

En général on pense peu de bien des semailles tardives.

Si semer tard t'a réussi,
Ne va pas le dire à ton fi.

Les jours, à présent, sont mangés des deux bouts par la nuit, si tôt tombée, si lente à partir. Le jour vient tard, quand, dans un matin jaune, plein de vent et d'odeurs de fumée, les rouleaux de nuages se poussent contre l'épaule de la montagne. Puis le vent tombe, et la soirée tiède et sombre au fond des vergers déserts est en suspens, comme en attente. Il paraît que si le temps se met à la pluie, l'hiver entier risque d'être pluvieux? Prie pour que le vent ne soit pas à l'eau.

Le jour de la Saint-Denis,
Le vent se marie à minuit.

Denis mouillé,
Hiver germé.

Germé parce que le temps doux et mou fera partir les grains, sinon les bourgeons. Ou bien, c'est *guené*, tout en averses :

S'il pleut le jour de Saint-Denis,
Tout l'hiver auras de la pluie.

Il serait trop vert encore en Auvergne, et par là-haut, dans la Bourgogne, la Lorraine. Mais quand il est mûr, ce n'est plus temps de faire quatre-heures. La bonne règle, c'est de la Croix de mai jusqu'à la Croix de septembre, l'Invention de la Sainte-Croix, qui tombe seulement le 14.

En mai, pour la Sainte-Croux,
Prangières partout.
Pour la Sainte-Croux de septembre,
Prangières à défendre.

La campagne semble s'assoupir, par ces après-midi encore si claires, surtout si calmes, sans bruits de char, sans cris d'oiseaux; et pas une feuille ne bouge, dans le sombre bouquet de noisetiers, au fond du pré dormant. Trois vaches et leur vieille bergère n'y dérangent pas le silence. En cet ensommeillement va s'ouvrir le temps des semailles.

Qui n'a semé à la Sainte-Croix,
Au lieu d'un grain en mettra trois.

La récolte des fruits aussi va commencer.

A la Sainte-Croix
Cueille tes poires, gaule tes noix.

Gaule et cueille, ne laisse pas traîner cela, avant le temps des longues averses.

De Sainte-Croix à Saint-Michel,
La pluie va dévaler du ciel.

Environ ce jour, on tient, dans les montagnes, qu'il y a de noirs brouillards et de grands vents. On entre dans une saison de pluies qui n'améliore pas les fruits de la terre.

Pluie de Saint-Ferréol
Ne rend pas meilleur l'auriol,

c'est-à-dire la châtaigne. De grandes foires se tiennent dans les bourgs où l'on vend des bêtes engraissées l'été sur les pâturages, et celles que, faute de fourrage, on ne saurait garder à l'étable jusqu'en mai. Autrefois, les valets loués pour les grands travaux s'apprêtaient à retourner chez eux. Il y avait peu de maisons assez bonnes pour garder durant toute la morte-saison un domestique.

A la Saint-Lambert (le 17),
Qui quitte sa place la perd.

C'est que les travaux sont près de finir, dans maintes régions. A moins que les pluies, toujours les pluies, ne les contrarient.

Si Saint-Lambert est pluvieux,
Suivent neuf jours dangereux.
Quand il pleut à la Saint-Mathieu (le 21)
Fais coucher tes vaches et tes bœufs.

Il a bien fallu marquer que ce jour-là est celui de l'équinoxe :

A la Saint-Mathieu les jours
Sont égaux aux nuits dans leur cours.

Le métayer, tout en enfilant, un bras en l'air, son tricot de laine brune et en enfonçant sa toque de fourrure, dira :

Saint-Mathieu :
Le lendemain même
Tu sèmes, je sème.

Chacun, selon le canton, le climat, indique le juste jour, celui que sans manquer il faut saisir :

Sème tes blés à la Saint-Maurice (le 22),
Tu en auras à ton caprice.

Arrive toujours l'heure où, pourvu qu'on ait eu du cœur à l'ouvrage, on est payé de ses peines :

Fais ton blé noir quand tu voudras,
Pour Saint-Michel tu le moudras.

Le mois s'achève. Des brumes passent. Un soir, comme descend l'obscurité tôt venue, on voit un

SEPTEMBRE
PLUIE de St Gilles LES GLANDS RUINE
1
2
LE 7 SEPTE
SEME TON
CAR CE JOUR
VAUT DU FL

COMME TU ME FAIS, JE TE FAIS
43

QUI A UNE LANGUE VA A ROME
44

panier de coings à l'étal d'une boutique; on croise un homme qui roule une citrouille sur une brouette. Et l'on reconnaît à son vieux goût de feuilles cuites, de fleurs brouies et de fumier de fanes la première heure de l'automne. Arrivent ensemble, le 27, saint Côme et saint Damien, qu'on fête en buvant dans le creux de sa main une goutte de vin bénit, le « saint vinage ».

Saint Côme et saint Damian
Se tiennent par le pan.

Il faut souhaiter que jusqu'à la fin le tonnerre se taise :

Pluie de Saint-Michel sans orage,
D'un hiver clément le présage.

Si l'hirondelle sillonne encore la nue autour du clocher, c'est signe que l'arrière-saison restera longtemps douce.

Quand l'aronde voit Saint-Michel,
L'hiver ne vient qu'à la Noël.

Probablement, le temps n'ira pas sans eau, même si l'on a souffert de la sécheresse.

Toutes les pluies perdues,
A Saint-Michel rendues.

Cependant il se dit que si le vent se met au nord ce jour-là, — c'est le 29, — une série de jours secs va s'ensuivre :

Bise à la Saint-Michel,
Octobre sec.

Les pommes, les coings, les nèfles même, sur la paille, doivent être au fruitier, comme les poires.

A Saint-Michel,
Chacun son fruit cueille.

La nue a changé d'aspect, déjà; elle semble de frimas, de vapeurs, et de cendre.

A la Saint-Michel,
La neige est au ciel.

Fêtons vite la Michalée, la fête des bergers qui ramènent leur troupeau de la montagne. Si l'on goûtait encore, c'est désormais fini. Le saint archange en s'envolant emporte pain, vin, fromage, les quatre-heures qu'on faisait pour se soutenir au temps des gros travaux.

Saint Michel
Monte les quatre-heures au ciel.

La campagne. — Un drôle de pays sans paysages, où le sentiment de la montagne vient d'un gros arbre, d'un coin d'herbe, de la fraîcheur du vent, de l'air largement remué. Un pays de plateaux, pinières coloriées sur leurs bords de bruyères et de sorbiers; pacages à touffes de joncs; landes à serpolet, à champignons, à gentianes bleues. Un pays fait pour l'aventure : une combinaison de secrets et d'espaces, de mystérieuses lisières de bois et de longues lignes nues.

Qui passe encore sur ces vieilles routes vertes qui montent, entre d'énormes hêtres dont les branches chargées de faines pendent et flottent? — Parfois on a la chance d'apercevoir un écureuil. — Une sente file à travers les friches, contourne des décombres, débouche dans une sorte de préau, vert et ras, aussi, bordé d'une haie qui n'a plus été taillée depuis trente ans. De la grange sans toit sortent un ormeau, des sureaux. La clef reste sur la serrure de la petite maison attenante, où une charrue, remisée là, un bois de lit démonté, des planches s'empoussièrent sous les gravats.

Après, j'ai longé des champs vides, couverts d'une peluche fauve; d'autres où la ronce venait couvrir des monceaux d'éclats de pierre, des boqueteaux de

A LA St MICHEL
LA NEIGE EST AU
CIEL.
29

QUAND L'ARONDE
VOIT St MICHEL,
L'HIVER NE VIENT
QU'À LA NOËL
22

pins, étouffés de genêts, verts ou gris. Un pays à demi mort parce que l'homme s'en est retiré.

Soudain, dans une clairière, on découvre, blanches, beiges, rouges, des jeunes filles assises, la paume dans la mousse. A l'éperon de la colline un bois fait claire-voie sur le ciel; de petits personnages s'y agitent, des gamins en sarreau quadrillé et coiffés d'un béret, ceux d'une usine qui a ses colonies, comme elle a ses garderies et ses dispensaires.

Pays abandonné, mais pays de vacances. Le château, d'un XVe siècle sévère, qui domine le bourg, a été vendu à une œuvre. On a ouvert des baies, on a réuni les tours par des vitrages pour établir des solariums. Les châteaux de par là se dégradent : les particuliers ne peuvent plus les entretenir, les passent à des groupements de professeurs, à des colonies de petites filles. Y aura-t-il des pays d'été, comme il y avait des palais d'été?

Les travaux. — On coupera les millets. On fauchera les prés qui sont tardifs pour en avoir le regain. On donnera la dernière façon aux guérets et on commencera de semer les froments, les méteils et les seigles. Surtout on fera les vendanges. On abattra aussi les noix et on fera la cueillette des fruits.

Les signes. — Voici venu, avec l'équinoxe, le temps des grands vents. On dit que les indices en sont une certaine obscurité du soleil, qui se lève enflammé, agrandi, et qui garde longtemps une face assombrie barrée d'écarlate, que ceignent un ou plusieurs cercles obscurs. Quelquefois, il aura l'apparence d'une chose creuse, comme une assiette, comme un plat-écuelle.

Il arrive qu'il prenne des aspects plus singuliers encore. Il peut sembler fait de deux parties : et l'on a vu d'autres soleils qui ne sont que son reflet paraître en même temps que lui dans le ciel. C'est alors l'indice de quelque tempête extraordinaire.

Il en va pareillement de la lune, surtout à son croissant, lorsqu'elle s'est levée grosse et couleur de fournaise.

Lune rouge en se levant
Annonce le vent.

Si elle n'est qu'en quartier, ses cornes sont pointues, mais sombres. Si elle est ronde ou quasi ronde, un grand rond d'un pourpre plus pâle lui fait auréole. Quand ce halo est double ou quand il paraît brisé, il faut y voir tout comme pour le soleil un signe de tempête.

Lune rouge,
Le vent bouge;
Lune pâle,
L'eau dévale.

De nuit les étoiles paraissent aussi plus larges, sans étincellement, sans scintillement. Si elles sont environnées de fumée, c'est signe de vent froid, de ces passages de bise, grands traîneurs de brume couleur de plomb qui, si souvent, obscurcissent et rafraîchissent l'air des montagnes à la mi-septembre.

Dans tout canton, en observant les girouettes, le sens des fumées, la marche des nuées, le son faible ou fort que prend selon les jours le sifflet du train, la cloche de telle ou telle paroisse, chacun sait de quel côté vient le vent et quel temps il apporte.

Dans presque tout le pays, le vent du couchant apporte la pluie, même si le baromètre reste haut. Alors, ce ne seront peut-être que de rapides averses. Le vent du nord-ouest, de même, pluie ou neige. Le vent du midi, au contraire, peut commencer par ciel clair, mais d'ordinaire, il dispose le temps au sombre et au mouillé. Presque sans manquer, il amène la pluie au troisième jour. Quand le vent souffle et redouble d'haleine, une giboulée, une tombée de pluie dénotent que la tempête approche de sa fin.

Petite pluie abat grand vent.

Mais il arrive que le vent tourne à l'ouragan, à la tempête sèche.

Les hommes de la terre, à travailler sur la création et ses créatures, ont compris depuis des âges que les choses vivantes sont toujours plus vivantes qu'on ne le pensait, recevant tous les mouvements de l'univers et y répondant selon leur être. Ils ont cru s'apercevoir que les herbes et les bêtes sentent de loin quel temps se prépare et se comportent en conséquence. Que l'araignée ne se laisse pas surprendre par un vent violent sans avoir renforcé les fils qui tendent sa toile; que la pie, en une année qui sera venteuse, a pris la précaution de bâtir son nid plus bas dans le peuplier.

Quand la pie a bâti haut,
Le temps sera calme et beau.

Mais quand elle a bâti bas,
Sur tout l'an il ventera.

Elles ont su que quelque ouragan accourt du fond du ciel, lorsqu'on voit les hirondelles passer toutes du même côté des arbres, et c'est parce que les moucherons, leur gibier, se sont mis à l'abri de ce côté-là.

Surtout ils ont tout observé, curieusement : les comportements des volatiles et ceux de toutes les créatures, et ceux des éléments. Ainsi de ces assemblées que forment dès le matin les oiseaux aquatiques, s'ébattant sur les rivages, quand le vent va se lever et souffler en trombe.

Marques de grand vent, aussi, le son des cloches lointaines n'arrivant à l'oreille que par reprises; le feu qui étincelle, craque et siffle; les forêts qui font leur bruit, de repli en repli de la montagne, et la mer qui, tout en semblant encore tranquille, déjà commence, on ne sait comment, de bruire.

L'AUTOMN

OCTOBRE
EN OCTOBRE SI TU ES PRUDENT
ACHÈTE GRAINS ET VÊTEMENTS
46

Octobre

Les dictons d'octobre

Octoubre!
Qui a perdu son manteau le recouvre.

ou qu'il s'en procure un autre, car il en aura besoin bientôt.

On ne vcut pas le savoir. Quand le temps est au midi, — non par ces vents à tout casser, qui suivent le soleil et tombent lorsqu'il se couche, mais en ces belles journées chaudes, toutes de bleu et d'or dans la lumière d'automne, on pourrait croire encore à la belle saison. Il n'y a pas un souffle. Tout s'assoupit. Peut-être entend-on parfois un coup de fusil vers la rivière et l'étang, derrière les osiers, les petits bois. Si tu montes au haut du coteau, où la charrue abandonnée ouvre ses bras vers le ciel, tu verras les cultures, les villages, les routes, ce grand calme de la campagne qui se dore et s'embrunit en se recueillant pour l'hiver.

En octobre, si tu es prudent,
Achète grains et vêtements.

Des grains, parce qu'ils sont à meilleur marché en ce moment, et que plus tard, en hiver, au printemps, si les apparences de la récolte ne sont pas bonnes, ce pourrait être la cherté. Dicton d'un vieux temps, d'une vicille vie mais qui sont revenus, où chaque domaine de campagne formait une sorte d'état et tenait à se pourvoir de tout. Dans le Quercy, grand pays de noyers, on croyait que la façon dont les noix sont attachées à la branche renseigne sur le plus ou moins d'abondance des blés à venir.

Quand les noix sont de trois en trois
Garde ton blé, villageois.
Quand elles sont de deux en deux,
Vends-le si tu peux.

C'est l'automne. Peu à peu les jours se recroquevillent comme les feuilles qui roulent sur le bord de la route. Des oiseaux s'envolent d'un buisson, l'un après l'un, et par-delà les labours, vont se percher sur un autre buisson au feuillage déchiré. La brume, par les piquantes matinées se mêle à l'haleine de la terre hersée qui fume.

Octobre en bruine,
Hiver en ruine.

On dit de ce mois ce qu'on pourrait dire de tous les mois, du reste, qu'il faut que l'an suive son cours, que sécheresses et pluies, chaleurs et froidures se succèdent : en un mot, que les saisons se fassent.

Octobre est bon,
S'il est de saison.

Au matin du premier gel, on voit sous les frênes une jonchée de feuilles noires. Le vent qui souffle, plein de gouttes froides et d'une fumée de feu d'herbe encore fait serrer les épaules.

Vent d'octobre,
Ta pelisse il faut que tu sortes.

Anciennement, ils croyaient avoir maints moyens de prévoir si l'hiver qui venait serait ou non rigoureux. En octobre, ils regardaient comme se présentaient les oignons.

Quand les oignons ont trois pelures,
Grandes froidures.

S'ils s'en inquiétaient, c'était pour prendre leurs mesures autant qu'ils le pouvaient. Ainsi le vigneron ménageait ses tonneaux si le froid arrivait de bonne heure.

Gelée d'octobre
Rend le vigneron sobre.

Le grand point c'était de faire tout ce qu'il y avait à faire, le reste, hiver doux, hiver dur, ne dépendant pas de nous. Et il y a encore tant à faire en ce mois, dans les pays où le soleil n'a pas mené si vite le pain, le vin, tout le reste.

Octobre le vaillant
Surmène le paysan.

Il faut s'avancer tant qu'on peut, et, pour les semailles de printemps, les pommes de terre, préparer déjà les champs, passer, repasser la charrue.

De Saint-Michel à la Toussaint
Laboure grand train.

Non pas toutefois sans que le temps soit propice.

Qui laboure au mouillé
Ne récolte que la moitié.

« C'est le mois labourant », disait-on dans le Rouergue. Labourer, fumer :

En octobre qui ne fume bien
Ne récoltera rien.

Voilà pourquoi les vieux paysans sentencieux disent :

Qui vend sa paille vend son grain,
Qui vend son fumier vend son pain.

Et :

Si tu veux des blés,
Faits des prés.

Des prés pour avoir du fourrage, tenir du bétail et amasser du fumier à épandre sur les champs. Le fumier, c'est une richesse, et son tas jaune et brun bien en vue dans la cour de la ferme, s'il est de ces beaux, de ces gros, indique l'importance du domaine.

Il fume maintenant, comme un cheval, par les matins froids et gris. Au bord du pacage, un érable couleur d'aurore luit devant trois cerisiers roses. Plus haut, sur la côte des genêts, la lisière du bois où l'on va chercher les verdelets, les chanterelles, les langues de bœuf, est toute bigarrée de chênes fauves et de hêtres couleur de sombre rouille. Les meules même ont disparu des champs, et le fermier qui regarde ses pièces de terre, vides, nettoyées, en attente, peut enfin se dire :

Récolte rentrée,
Récolte assurée.

Le jardin

Octobre ou la préparation de l'hiver. Il y a des jours chauds encore, mais d'un arriéré de chaleur qui s'affaisse. Dans un gros silence, le soleil donne, regardé par tous les petits soleils des topinambours en long massif d'un vert étrangement clair là où commencent les champs. La lumière a quelque chose d'une liqueur et d'un verre fondu, enfin de ces ondes qui montent au-dessus d'un brasier demi éteint. Sur le jardin tiédit un parfum de coings et de buis, de prunes trop mûres et de reines-marguerites qui se fanent. Comme un sucre tourne au caramel, l'air en tournant à l'automne a pris ce goût mordoré sous les feuillages assombris ou allumés, déjà durcis par un vieillissement.

Il n'est plus question de semer : encore un peu de cerfeuil, de mâche d'Italie, si tu veux; et des épinards qui donneront des feuilles en mars, si l'arrière-saison leur réussit. Aussi, pour les repiquer dans quelques semaines, la laitue crêpe et la romaine hâtive. Repique pour l'hiver la laitue de la Passion et l'oignon blanc, les choux pommés et les choux d'York; et sur les côtières, les choux-fleurs, si tu as ce qu'il faut, cloches, ou du moins paillassons soutenus de perchettes, pour les couvrir aux grosses gelées.

Avec des paillassons, précisément, tâche de protéger les planches de haricots verts. Puis arrache les haricots desséchés, serre les perches dans un coin du hangar. Les fanes roulées en brouillis couvriront les plantes délicates ou attendront le feu dans les carrés vides, parmi les séneçons crottés et les pissenlits.

Commence à présent les nettoyages. Faire les provisions de beau fumier neuf, défaire les couches, mettre le terreau à part et le fumier pourri dans les planches préparées pour mars. Bêcher les plates-bandes et y planter les œillets de poète, les mufliers, les scabieuses, les campanules, les fleurs qui sortiront au printemps. Terminer les semis qui n'ont rien à craindre des froidures. Mettre en pots la giroflée, les géraniums. Planter les bulbes des perce-neige, des jacinthes, des tulipes; serrer ceux des glaïeuls, des bégonias, dès qu'entre en sommeil la vie de la plante.

Fleurissent encore les glaïeuls tardifs, les roses remontantes, les hibiscus, les phlox à senteur sucrée, les asters blancs fins comme un lichen, et les asters mauves ou amarante. Aussi les fuchsias, les dahlias, les zinnias, fleurs un peu âcres, de couleur violente, mais avec on ne sait quoi de somptueusement chimique qui semble tenir plus d'une étoffe que d'un tissu vivant. Aime-les tout de même. Aime surtout la capucine, si gaie dans les tons de l'aurore et de la flamme. Comme trois de ses fleurs font bien dans un verre d'eau, à la cuisine, où leur odeur de poivre se marie franchement à la vapeur des potages. Seulement pareille au dahlia, sitôt touchée par le gel, cette exotique ne sera plus qu'une chose huileuse et sale qu'il faut arracher vite.

Même par temps chaud il y a une humidité dans l'air : dès que tu passes à l'ombre du tilleul, tu la sens comme un souffle de cave. L'herbe moite et molle d'après les regains reste longtemps trempée. Une feuille rouge se détache de la vigne vierge, et vient se poser sur son vert qui paraît le plus riche des verts de l'année, surtout en ces soirs pluvieux où les nuées, comme un feu qui prend sur toute la voûte du ciel, reverbèrent puissamment une lumière jaune. Mais au matin, jetées bas par la première gelée, toutes ces feuilles d'un rose si vif, si pur, joncheront les allées qui longent les hangars. Ce soir déjà, lorsque le soleil baisse, il faut fermer la fenêtre. Une subite fraîcheur mouillée apporte, tout bon, tout triste, le parfum délicieux des pommes. Demain, tu feras la cueillette. Il faut un temps sec, et attends neuf heures, que la rosée soit bien levée au verger; sinon, sur les pommes, les doigts marqueront. Cueille les fruits un à un, pose-les doucement dans la corbeille; puis, avant de les ranger sur les tablettes du fruitier, étale-les dans une pièce où ils se ressuieront quelques jours.

Proverbes des paysans

CENT ANS D'EMBÊTEMENT
N'ONT JAMAIS FAIT PAIEMENT.

IL FAUT SAVOIR VOULOIR CE QU'ON NE PEUT ÉVITER.

NUL VIN SANS LIE.

RIEN DE CHAUD QUI NE SE FASSE FROID.

IL N'EST SI BON CHEVAL QUI NE BRONCHE.

D'UNE PERTE IL Y A DU GAIN !
CHÈVRE QUI N'A PAS DE LAIT
EST CHÈVRE QUI SAUTE BIEN.

EST HEUREUX QUI SAIT L'ÊTRE.

MIEUX QUE TANT DE « PECAIRE »
VAUT ENCORE UN BON « FOUTRE ! »

La chanson du laboureur

Le pauvre laboureur
Il a bien du malheur :
Du jour de sa naissance
Est déjà malheureux!
Qu'il pleuv', qu'il tonn', qu'il vente,
Qu'il fasse mauvais temps
L'on voit toujours sans cesse
Le laboureur aux champs. (bis)

Le pauvre laboureur
N'est pas un partisan :
Il est vêtu de toile
Comme un moulin à vent.
Il met des arselettes,
C'est l'état du métier,
Pour empêcher la terre
D'entrer dans ses souliers. (bis)

Le pauvre laboureur
A de petits enfants :
Les met à la charrue
A l'âge de quinze ans

Il a perdu sa femme
A l'âge de trente ans;
Elle le laiss' tout seul
Avecque ses enfants. (bis)

Le pauvre laboureur
Il est toujours content :
Quand l'est à la charrue
Il est toujours chantant.
Il n'est ni roi ni prince,
Ni duque, ni seigneur,
Qui n'vive de la peine,
Du pauvre laboureur. (bis)

Ce mois débute par la Saint-Rémi, — jadis on disait la Saint-Rémi pour la rentrée des tribunaux et des écoles. On rentre, mais les chasseurs reviendront souvent battre la campagne. Ils pourront patrouiller partout : du fond où les vergnes, les frênes, font noir sur le ruisseau d'eau brune et de pierres brunes jusqu'aux éteules qui sentent la paille et la poussière, sur le dos bombé des collines. Sur les bruyères, dans les communaux de fougères, dans la forêt. Maintenant, il n'y a plus de couvées au taillis qui sent la mousse humide.

A la Saint-Rémi,
Tout perdreau est perdrix.

Sur les lopins, aux terrasses des rampes, par l'échine des longues montagnes, tu vois les semeurs, d'un pas régulier, aller, venir. Dans l'air fumeux, la poignée de grain blond qu'ils lancent fait lueur un instant. Sous le ciel bouché, une espèce de clarté enrouée baisse vite. On est dans les petits jours.

A la Saint-François, on sème (le 4)
Et plus tôt même.

Et comment labourer et semer, alors?

Il vaudrait mieux faire le fou
Que de labourer en temps mou.

Saint Géraud, qui est le grand saint d'Aurillac (le 13), passe comme saint Martin pour apporter avec lui un semblant d'été; bien précaire, mais bien doux, à la limite du temps noir. Le soleil marche encore dans l'herbe courte, sous les pommiers, et le soir, quand il la transperce, elle luit comme une pierre verte.

L'été de Saint-Géraud
Ne dure que trois jours.

Pour Saint-Géraud,
Les châtaignes font le chaud.

C'est le juste moment des châtaignes. Mais si l'on a déjà l'onglée, il suffit d'en prendre dans la cendre une poignée pour se réchauffer les doigts.

A la Saint-Luc (le 18), on a encore avancé sur la morte-saison. Les médecins fêtent leur patron, fête qui tombe bien, alors que s'ouvre l'époque même des grippes, rhumes, catarrhes. Il faut se pourvoir d'autres provisions de gueule que des châtaignes!

A la Saint-Luc, tue tes pourceaux
Et bondonne bien tes tonneaux.

Si tu en es encore à faire tes semailles, tu auras à jeter plus de grains en terre.

L'ÉTÉ DE St GÉRAUD, NE DURE QUE TROIS JOURS
13
A LA St LUC, TUE TES POURCEAUX ET BONDONNE BIEN TES TONNEAUX
18
A LA St VALLIER, LA CHARRUE SOUS LE POIRIER
22
Sil a plu aux premières eures et que les brouillards emblent descendre, c'est que temps va s'élever.
45

A la Saint-Luc,
Ne sème plus
Ou sème plus dru.

Ne te mets jamais en retard pour tes travaux. L'hiver, dont à la Saint-Michel on disait qu'il était au ciel, s'est rapproché : au bout des longues après-midi de pluie battante ou de temps sombre et de bise, il est là :

A la Saint-Luc,
La neige est au suq,

c'est-à-dire sur les crêtes, aux pointes de bruyère et de rochers des montagnes. Là-haut, au-dessus des sapins, de la forêt du renard et de la martre, elle blanchoie pour quelques jours, en attendant que revienne le vent du sud.

Dans les pays de soleil on pousse les labours, au large de la plaine.

Aux Saintes-Maries (le 22),
Laboure avec énergie.
La Toussaint venue,
Quitte la charrue.

Mais ce serait mieux qu'à cette heure tout soit fait et fini.

A la Saint-Vallier (le 22 aussi),
La charrue sous le poirier.

Oui, au haut du champ où les raies courent, c'est beau de voir, près du vieil arbre solitaire, la charrue élever ses deux bras vers le ciel...

Tu ne pourrais plus sortir nu-pieds, en ce déclin d'octobre. Le temps vient pour toi de reprendre la savate jetée en février, à la Sainte-Agathe. La savate! Plutôt des souliers de cuir fort, bien cloutés, bien cousus. C'est le temps où les cordonniers fêtent leur saint patron.

A la Saint-Crépin (le 25),
Mon cousin,
Le cordonnier se frise...

Sur la campagne morfondue, on n'entend plus cette rumeur d'insectes qui semblait la chanson des après-midi chaudes. Tout juste le bruit d'une branche s'égouttant au fond des pluies qui demain vont reprendre.

A la Saint-Crépin,
Les mouches voient leur fin.
A la Saint-Simon (le 28),
Une mouche vaut un pigeon.

Un mouton, disent d'autres, — c'est aussi vite dit. Il pleut tout bas sur le pré où les veilleuses mauves, les colchiques, luisent faiblement dans l'herbe trempée. Les villages bâtis de granit, par là-haut, déjà pleins de fagotiers et d'empilements de bûches, s'attendent à voir tomber par la large cheminée les premiers flocons sur l'âtre.

A la Saint-Simon,
La neige aux tisons.

Sous les noyers où s'appuie une gaule, dans la jonchée de feuilles craquantes, les gamins cherchent des noix. Des fumées bleuissent de grands morceaux de pays. Quel silence sur les fonds humides! On va descendre une pente rapide d'obscurité et de froidure. Un dicton te rappelle qu'en ce bout du mois ton vin doit être mis en tonneau. Beaucoup d'autres choses aussi doivent être faites. Voici venir la grande fête des saints et celle des morts.

Quand octobre tire à sa fin
Et que dans la cave est le vin,
Toussaint au lendemain matin.

Il fait sombre. Un grand ormeau mêlé de vert et de jaune dort devant la montagne couleur de nuée qui porte des brouillards allongés dans ses plis, telle qu'une vieille revenant du jardin avec dans son tablier les fanes de ses fèves. Mais tout au fond, dans des lointains de plaine, au large de la France, le fil de lumière d'un fleuve luit parmi les sables : comme par-delà tout l'espace à traverser de la morte-saison, l'espoir encore du printemps.

LA CAMPAGNE. — Avec octobre, en certains jours, on se sent à l'arrière-saison. Tout au moins dans les montagnes. Vers la fin du mois, il suffira peut-être d'une grosse gelée; en une nuit, voilà les arbres déshabillés, et voilà l'herbe mortifiée, quasi morte. Le pays prendra ses couleurs d'hiver sous une nue qui plafonnera tout le ciel de ses renflements mollement plombés entre de vagues éclairages.

En attendant il peut y avoir des jours d'air léger et de grande lumière.

Le merveilleux chemin de terre et de gazon traverse la forêt. Les sapins montent droit, en grande hauteur. Il y a des zones d'aiguilles rousses; d'autres d'un crépelage de fines plantes luisantes glacées de bleu; d'autres où la mousse s'étend en coulées de velours, lustrées de soleil; d'autres fourrées de ronces, d'épilobes, de sureaux aux grappes d'un vermillon vif; comme la forêt paraît tranquille en ce commencement de matinée! De par là, pourtant, on ne sait d'où, viennent tout d'un coup des meuglements longuement tenus, à mufle tendu, qui saluent les vaches allant à la foire.

C'est une de ces foires du début d'octobre où les cours s'établissent.

Vers la fin du mois, il suffita
peut être d'une grosse gelée; en
une nuit, voilà le arbres dés-
habillés.....
46

Octobre en bruine, hiver en ruine
A la St Crépin, les mouches voient leur fin
A la St Simon, une mouche vaut un pigeon
25
28
47

VENT D'OCTOBRE, TA PELISSE IL FAUT QUE TU SORTES
48

Passe, se bousculant, un troupeau de bêtes couleur de marron d'Inde, frisées comme si elles sortaient de l'eau. Les plus turbulentes on les a gênées d'une corde qui leur lie la jambe à une corne et les force de courir tête de côté, tirée vers le bas. Elles essaient encore de s'écarter, de piquer un galop; mais les toucheurs les rattrapent, les ramènent à grands coups de trique. Sans intervenir, quasi sans voir, à des lieues de ce train, le maître du troupeau passe et va.

Lorsqu'on débouche sur le découvert, on retrouve la belle lumière d'automne. Un arbre en boule, toute sa feuille déjà rousse et comme frisée, abrite sur une pierre levée une croix de fer. Cueille une alise : la saveur douce est à peine d'un fruit, jusqu'à ce que les pépins, sous la dent, donnent leur goût si marqué de noyau. Des granits bruts, un pacage semé de pensées bleues et violettes; la coursière dévale vers le bourg. Ses berges d'herbe courte sont encore blanchies de rosée, du côté que n'atteint pas le soleil.

Les travaux. — En octobre, on ramassera les pommes de terre qui ne l'auraient été en septembre. On achèvera les semailles, on continuera les labours. On cueillera les haricots et tout ce qui craint les froidures. On fera son miel et sa cire, débarrassant ses ruches des vieilles mouches. Enfin on fera ses vins et on les entonnera.

Les signes. — La gelée blanche, au matin, en cette saison d'automne, est un signe qui ne trompe guère.

Gelée blanche,
Tu passeras sur la planche.

Ce qui marquerait que tu ne pourras plus enjamber le ruisseau, tant la pluie l'aura grossi. Il te faudra remonter jusqu'au ponceau fait d'une planche entre les vergnes. D'autres disent : *Tu passeras sous la planche*, tu devras chercher abri sous le hangar fermé de claies de genêts et de croûtes de sapin. Ce qu'on sait bien, c'est que le givre de six heures sur les tuiles, sur les buissons, sur les gazons, annonce que la pluie surviendra bientôt.

Il est mieux que les fils de la Vierge s'étendent en rets brillants sur les sillons, le soleil dissipant peu à peu la première buée qui le noyait. Ou encore que sur les prés plats au bord de la rivière, des touffes de brouillard traînent doucement, emmitouflant les buissons, prenant les arbres jusqu'à la fourche. Qu'elles se rejoignent, qu'elles bouchent tout le val, que leurs bancs de blancheurs comblent les fonds, que les combes des frênes et des moulins, pleines de brumes à ras bords, fument comme des soupes. Oui, tout cela n'est pas mauvais signe. Et le bleu déjà se laisse deviner, à travers cette fumée qui se déplace, s'élargit, se défait avec lenteur, plus blanche que celle d'un feu d'herbes.

Le vilain, c'est quand le brouillard pèse plus haut, sur les collines ou les avancées des monts, en rameau de palmes, en chapeau de nuages.

Brouillard aux vallées,
Va à ta journée.
Brouillard sur le mont,
Reste à la maison,

car la pluie ne tardera guère : elle te prendrait dans les champs.

Soleil qui se couche avec son chapeau
Ne se lèvera qu'avec son manteau.

S'il a plu aux premières heures et que les brouillards semblent descendre, c'est que le temps va s'élever. De même si se défont ces bancs, aux contours lisses comme des plumes, qui dorment après la longue pluie, de cran en cran, sur les étages sombrement bleus de la montagne. Mais s'ils rampent, s'ils se hissent vers les sommets, c'est que le temps reste à la pluie. Elle reviendra dans un jour ou deux jours. Par ce temps détrempé, quand on voit des bouchons de brume suivre à mi-flanc les pentes, allant quêter de bois en bois, on dit que voilà les « chasseurs ». C'est comme si l'on disait qu'une heure peut-être ne passera pas avant que la pluie retombe.

Chasseurs traînant sur la montagne,
C'est pour tantôt pluie en campagne.

Par temps sec, les brouillards qui montent vite, en paraissant comme aspirés en l'air, font craindre quelque averse.

Si le soleil chasse la nue de la rivière,
Guère plus il ne tarde à pleyre (pleuvoir).

Quand ils rasent le sol sans s'élever, le long du ruisseau, à la tombée de la nuit, ils annoncent pour le lendemain une journée belle et chaude.

De même si, plus tard, au bord d'un ciel qui ne s'est pas chargé, on voit encore de ces éclairs sans tonnerre qu'on nomme éclairs de chaleur. Il y a des jours dorés, où ne passe par moments qu'un fil de vent tiède, juste ce qu'il faut pour détacher et porter une feuille rousse, dans l'air transparent, chaud comme celui qui bouge au-dessus d'un grand feu. Mais octobre est le mois des brumes. Tout ce coton, qu'apporte-t-il ?

Tenir compte de la figure et de la direction des vapeurs, des nuées, sera plus sûr que de s'arrêter trop au cours et au décours de la lune.

Tout le monde sait que les nuages qui arrivent de l'ouest annoncent la pluie pour le lendemain. S'ils couvrent le soleil quand il se couche, au matin ils s'étendront sur toute la nue.

S'ils sont tout en ramas au nord-ouest, sur le soir, ou s'ils arrivent de l'est en troupe épaisse et sombre, ils annoncent la pluie pour la nuit. S'ils apparaissent comme par touches, pareils à des flocons de laine, pluie dans deux ou trois jours. Un ciel qui moutonne marque du beau temps pour le jour où il se montre, mais non pour ceux qui vont suivre.

Ciel pommadé,
Beau temps passé.
Temps pommelé, fille fardée
Ne sont pas de longue durée.

Le paysan tient de ses anciens que de petits nuages qui descendent ou qui vont contre le vent, un ciel qui se découvre du côté où le vent souffle, sont ordinairement signes de beau. S'il voit les nuages monter, venir par le couchant ou par le midi, s'amasser, s'entasser, ou changer dans leur course, il dit que la pluie doit s'ensuivre. Et il dit qu'elle sera de longue durée si diverses couches s'étendent, la plus haute blanche, les autres grises à son ombre, tout cela glissant, bougeant, poussé par les vents humides. Il prévoit même que la pluie tombera par ondées, si ces couches de nuées paraissent se déplacer plus vite les unes que les autres.

Mais il sait que le moment viendra où la pluie prendra fin. Il est celui qui s'arrange du temps et se met avec lui pour travailler quand même. Il regarde. Il lui semble que la nuée se fissure sur des trouées de bleu, traçant là-haut des cartes de géographie : et le temps va s'élever. A la fin, sur les bois mouillés et les prés retondus, on reverra le soleil.

Novembre

Les dictons de novembre

Avec novembre, on entre dans l'arrière-saison. C'est le mois des morts. Les feuilles pourrissent en jonchée mouillée au pied des arbres; et l'on devrait mieux voir la campagne dépouillée à travers la ligne d'aulnes et de trembles des ruisseaux; mais derrière, tout de suite, le carrelage des champs à peine bruns, à peine verts, se perd dans une brume qui mouille et vous donne un frisson déjà.

Mois mort,
Vêts-toi plus fort.

Novembre est sans doute le mois le plus noir, plus sombre que décembre, qu'on voit éclairé de neige, étincelant de givre, de glaçons, de cristaux. Novembre tout étouffé de brouillard sous les branches dégouttelant, tout resserré de froid.

Mois mort,
Méchant temps pour les ouailles tondues.

La terre charruée, ensemencée, entre en sommeil; rien que des prés ras et les lopins vides.

A la Toussaint,
Les blés semés,
Les fruits serrés.

Tout est dans la glèbe ou dans la grange.

A la Saint-Martin d'hiver,
Passe partout, hors par le jardin et par la ravière.

Dans le jardin, il y a les choux, quelques salades; et la ravière fait encore un carré de feuilles fraîches, en attendant qu'on vienne arracher les raves et les emporter dans le tombereau. Il se peut que bientôt la neige tombe; mais elle ne va tout de même pas s'établir à demeure. En Auvergne voici comme on dit que cela se règle :

A la Saint-Michel,
La neige est au ciel;
A la Saint-Luc,
Elle est au suq (aux crêtes);
A la Toussaint,
Elle descend;
A la Saint-Marti,
Ouvre la porte, elle est ici.

Ne te plains pas trop si elle arrive plus vite que tu ne l'aurais voulu :

L'hiver n'est pas bâtard :
S'il ne vient tôt, il vient tard.

Entends-tu le tonnerre en ce mois? Tu peux dire l'hiver en retard, pour le coup. Peut-être même ne sera-t-il plus à craindre.

Quand en novembre il a tonné,
L'hiver est avorté.

Il arrive que l'été de la Saint-Martin se prolonge en belles journées, sous un ciel tranquillement dérivant dont les nuées longues et lisses se dorent dès trois heures de l'après-midi, là-bas du côté du sud-ouest. Un moment, quand le soleil rentre, toute la montagne se peint d'une couleur rouge, plus éclatante encore là où la pente est couverte de fougères mortes et de bois de fayards; et le relief des contreforts, des gorges, des vallées de pierre, est marqué par de fortes ombres, noires comme la nuit.

Mais faut-il souhaiter que le temps chaud se prolonge?

Hiver trop beau,
Été en eau.

Le paysan ne sera assuré que s'il voit venir les gros froids et la neige qui tuent ou qui étouffent dans leurs terriers des labours les bestioles rongeuses : la vermine, les chenilles, les escargots, les limaces, nichant aux murettes des champs ou aux parapets des jardins. Et puis c'est comme une promesse qu'après le temps dur, viendra pareillement le temps doux, et chaud et clair.

Aussi dit-on :

Année gelée,
Année de blé.
Année neigeuse,
Année fruiteuse.

Mais les vrais frimas, c'est seulement vers la fin du mois qu'ils devraient apparaître, quand les travaux se trouvent achevés. Les jours qui continuent de diminuer, sont tout sombres alors sous les nuées qui passent, l'une poussant l'autre, sans qu'on les voie disparaître, fondues dans ce gris mouvant, au bord de la plaine. Si les froids arrivent à ce moment-là, il n'y aura rien à dire :

Un mois avant, un mois après Nadal (Noël),
Le froid est bon et ne s'en vient nul mal.

Les vrais connaisseurs marquent comme s'ensuit ses étapes.

Si l'hiver va son chemin,
Vous l'avez à Saint-Martin.
S'il s'arrête tant ne quant,
Vous l'avez à Saint-Clément.
S'il trouve quelque encombrée,
Vous l'avez à Saint-André,
Mais s'il allait ce ne sais ne l'ai,
Vous l'aurez en avril ou mai.

En attendant, seuls une bande de corbeaux tournoyants et le vent jaune qui pourchasse trois pailles boueuses dans le chemin occupent la matinée vide. Il n'y a plus de feuilles mortes que sur les chênes de la grande allée. Tout à son bout les métairies aux toits bruns s'assoupissent au pied des hauteurs couvertes de bois.

Terre retournée et blés semés,
Le ciel peut neiger.

Le jardin

Dès la fin d'octobre, si tu penses à faire des plantations d'arbres, tu dois fouiller la terre, — celle du moins qui n'est pas froide et humide, auquel cas mieux vaudrait attendre février. Mais celle qui est chaude, légère, les pluies et les rosées l'ameubliront.

Arracher les arbres trop vieux, qui ne donnent plus que des fruits noués et de mauvaise grâce; caver alors de grands trous et apporter de la terre neuve. C'est le meilleur moment pour planter la plupart des arbres, attends pourtant le printemps pour les arbrisseaux de terre de bruyère et pour les résineux.

Rafraîchir les racines, du couteau, les praliner même en les plongeant dans un mélange de boue et de bouse; les asseoir sur un monticule ameubli, le collet au niveau du sol; enfin, les recouvrir en tassant, sans trop enfoncer d'abord, puis en appuyant du sabot. C'est bien un travail à faire soigneusement, dans le calme de la pleine matinée, sous un ciel brumeux qui passe avec lenteur : le carré de trèfle pour les lapins, comme mortifié, est encore tout gris sous les gouttes d'eau; et l'on n'entend qu'à peine un coup de fusil ou un lointain appel de cornet, dans les genêts des collines.

Retaille les racines des arbres languissants, ôte les pelotes de mousse qui garnissent les troncs, ratelle les feuilles tombées pour en couvrir ce qui craint le gel, ou le mêler au fumier des couches, ou encore en faire du terreau.

C'est le temps des nettoyages. La graine étant rouge, couper les tiges d'asperges et les brûler; — mieux vaut ne pas les laisser pourrir sur place, à cause de certains petits insectes nuisibles aux pieds qu'elles portent; — labourer ces pieds, les fumer. Couper aussi les montants d'artichauts, raccourcir les feuilles, tout préparer pour le buttage.

On aura fait blanchir les cardons, les chicorées, les scaroles. On butte le céleri sur place, et on en arrache pour le replanter profond dans le terreau des vieilles couches où il blanchit plus vite. Son odeur froide, mêlée à celle de la terre, rôde entre les poiriers qui n'ont plus que deux feuilles jaunes ou trois feuilles rouges, couleur de fruits. Une poignée de moucherons, comme des atomes blonds, font encore les scieurs de long dans un rayon de lumière brouillée et des lueurs dorées courent sur un fil d'araignée entre les cassis.

Dès que les gelées seront à craindre, on arrachera les carottes, les betteraves, les navets, les radis noirs; les salades, les cardons, on les replantera dans le sable de la cave ou de la serre à légumes. On y replantera aussi, pied à pied, les choux-fleurs; mais le plus simple est de les couper au-dessous de la tête et de les pendre au plafond d'un cellier après avoir enlevé les plus grosses feuilles.

Vers le 25, semer les pois de Sainte-Catherine, au pied des murs et à bonne exposition.

Tu auras replanté toutes les plantes vivaces, — si tu attendais le printemps pour le faire, elles fleuriraient moins bien; tu auras aussi terminé les plantations des jacinthes, des narcisses, des tulipes; et les cannas, les dahlias, les bégonias, etc., sont rentrés. Il n'y a plus au jardin que quelques roses, les asters et les chrysanthèmes. Plus de fruits au verger, mais le fruitier doit être mieux garni qu'à aucun moment. Tu pourras encore cueillir quelques fraises, si tu as eu soin de couvrir de châssis les fraisiers des quatre-saisons. Tes bordures de fraisiers, tu les auras refaites, au début du mois, au plus tard; les bordures d'herbes fines reprennent mieux quand on les fait les gelées passées, en mars, avril.

Le couchant est tout blanc, signe de pluie ou de neige, si blanc, si vide, d'une pâleur si gelée que cela sent déjà le froid. Au coin de cette ruelle de jardins, tu verras, en rentrant, exposé dans un grand panier sur l'appui de la petite fenêtre, une citrouille à son dernier quartier et des coings verts sous une fine bourre grise.

Proverbes des paysans

DE TOUS LES MÉDECINS LE TEMPS EST LE PLUS FORT :
S'IL NE GUÉRIT LE MAL IL L'EMPORTE.

TANT PLUS IL PLEUT, TANT PLUS LA PLUIE S'ÉCOULE.

QUI N'A PAS BIEN SOUPÉ
EST ASSURÉ DE DINER.

DEMAIN
PORTERA SON PAIN.

CHAQUE SAINT
SON TOUR VIENT.

DANS UN TEMPS OU L'AUTRE,
UN PAYS VAUT L'AUTRE.

QUI CHERCHE ET TROUVE NE PERD PAS SON TEMPS.

La chanson des soldats de marine

Le dix-sept de novembre
Nous nous somm' embarqués
En grande diligence.
C'était pour aller voir
Dans les îles de France.

La tempête et l'orage
Nous ont bien chagrinés,
De six semain' entières,
Sans pouvoir aborder.

Tirons, au moins, tirons
Quelque bout de cordage,
En attendant passer
La tempête et l'orage.

Nous avions dans nos barques
Des garçons mariniers,
Qui nuit et jour travaillent
Au soutien des Français.

Ils ont bien employé
Leur zèle et leur courage;
Par la grâce de Dieu
On arrive au bordage.

Nous avons un capitaine
Hardi comme un lion;
Prend la carte marine,
Avance sur le pont.

— Français, jeunes Français,
L'ennemi vous écoute;
Mettons la voile au vent,
Et suivons notre route!

Nous avons fait rencontre
D'un joli bâtiment.
Trois bâtiments anglais
Sont venus pour nous prendre.

— Français, jeunes Français,
Faudra-t-il nous défendre?
Mettons l'feu au vaisseau
Et ils auront les cendres!

A Brest en arrivant,
Trois coups d'canon tirés,
Pour saluer la ville.
C'était pour annoncer
Que les Français arrivent.

Trois coups d'canon tirés
Pour saluer la ville.

C'était pour annoncer
Que les Anglais arrivent.

Tout's les dames de Brest
Viennent z-au bord de l'eau
Pour voir sur la marine
Arriver ces vaisseaux.

Vous les voyez venir,
Ces braves militaires :
Y a bien trente-six mois
Qu'ils n'ont pas vu la terre.

A la Toussaint,
Le froid revient,

disent ceux qui de nature voient tout en noir.

Il revient, plein de brume et de pluie, et sous un ciel bouché volent deux feuilles mortes... Une bande d'oisillons s'échappe de la haie d'épine et disparaît derrière la corne du bois. Mais, dans le gris du soir, se perdent même le bois et la route.

A la Toussaint
Commence l'été de la Saint-Martin.

disent au contraire ceux qui voient tout en beau...

La pluie est de saison. Les feuilles qui roulaient sur le bord des routes nagent maintenant sur les flaques que font rejaillir les autos.

De la Toussaint à l'Avent,
Jamais trop d'eau ni de vent.

On mène encore les vaches pacager, vers le milieu du jour; mais la pâture sent la rosée froide et la menthe.

Arrive la Saint-Martin, le 11 novembre. Grande date aujourd'hui, grande date autrefois. C'était à ce jour, les récoltes faites, les gros travaux finis, que les métayers changeaient de métairies. Ils espéraient profiter de l'été de la Saint-Martin pour le déménagement. Été? Quelquefois, c'est tout juste un rayon jaune et bas. Il se promène un instant sur les terres où une croix de paille entre quatre flambeaux aussi de paille, témoignant des semailles, demande pour elles la bénédiction de Dieu. Et triste, au loin, sur les buissons, les landes, il éclaire un clocher, sa bourgade, tout petits par là-bas; puis son œil de lumière se déforme, s'efface.

L'été de la Saint-Martin
Dure trois jours et un brin.

D'autres fois, c'est du vrai soleil : un vent du sud claquant, sonore, qui n'amènera pas la pluie; et, sous le cristal de l'air, les peupliers ont encore toutes leurs feuilles jaunes, avec une frange verte à leur cime; les merisiers, dans les rochers, toutes leurs feuilles couleur d'aurore. Le chèvrefeuille embaume, près des derniers mûrons gonflés de jus. Mais les vieux hommes savent que la neige arrive, ou bien qu'elle va arriver.

Pour Saint-Martin,
La neige est en chemin.
Pour Sainte-Catherine,
Elle est à la courtine.

La pluie ne devrait plus pouvoir gâter grand-chose. Mais il faut bien qu'on en parle.

Pluie de Saint-Martin
Ne laisse ni chou ni lin.

Le bon ménager songe à avoir des chevreaux en avril :

Pour Saint-Martin,
Mène la chèvre au bouquin.

Il doit avoir achevé de donner les soins voulus à la vendange.

A la Saint-Martin,
Tout moût est vin.

Les tâter, seulement, aujourd'hui, ces vins nouveaux, troubles encore et bouillants dans leur lie.

Pour la Saint-Martin,
Ane qui ne boit de vin,
Ane deux fois
Qui trop en boit.

En ce moment d'abondance, pour se garantir des froidures, on va faire bombance quelque peu.

Pour la Saint-Martin,
Convie ton voisin,
Tue ton porc fin,
Bonde la barrique et goûte le vin,
Tire la gogue du toupin.

En Languedoc, on dit :

A la Saint-Véran (le 14),
Les olives tu prends;

A la Saint-Siffret (le 27),
Semailles sont terminées.

Mais c'est en Languedoc. Un proverbe court le Quercy :

Pour Sainte-Cécile,
Chaque fève en fait mille.

La semence maintenant risque trop de pourrir.

Passé la Saint-Clément (le 23),
Ne sème plus froment.

Voici la Sainte-Catherine : c'est le 25, puisqu'on dit :

De Sainte-Catherine à Nadal (Noël),
Un mois égal.

Ce jour-là les cousettes, quittant leurs ateliers, avec des chants, des rires, vont fêter la sainte dans les rues. Au contraire, ce même jour, les brebis doivent rentrer au bercail. Quitter les pelouses des belles fleurs et les roches, les fontaines, les neiges des montagnes.

A la Sainte-Catherine,
Rentre les berines.

Et la chèvre, elle a beau tondre les buissons, ronger les écorces, elle ne trouverait plus assez dehors.

A la Sainte-Catherine,
Il faut du foin à la bibine.

A LA Ste CATHERINE, IL FAUT DU FOIN A LA BIBINE
POUR LA Ste CATHERINE.
LE PORC COUINE
A LA Ste CATHERINE, FAIS MOUDRE TON BLE, A LA St ANDRE, LE BIEF SERA GELE
50

DANS UN TEMPS OU L'AUTRE
UN PAYS VAUT L'AUTRE
52

30
51

QUI CHERCHE ET TROUVE NE
PERD PAS SON TEMPS
53

Quant au porc engraissé par les glands, son compte est bon. C'est le moment de le saigner, couché sur le chevalet, au milieu de la maisonnée, cousins conviés, voisins venus. Et quels cris, qu'on doit entendre de toute la commune!

Pour la Sainte-Catherine,
Le porc couine.

Tout se prépare pour l'hiver. Les herbes qui ne doivent pas mourir se recueillent pour supporter la rigueur du temps. C'est le moment de planter les arbres, de faire les boutures, dans un coin du jardin, près du pavillon aux outils.

A la Sainte-Catherine,
Tout bois prend racine.

Mais pense à ne pas te trouver dépourvu devant la maie vide.

A la Sainte-Catherine,
Pour tout l'hiver, fais ta farine.

C'est que les moulins peuvent se trouver arrêtés jusqu'au printemps.

A la Sainte-Catherine,
Fais moudre ton blé.
A la Saint-André,
Le bief sera gelé.

Saint-André marque la fin du mois, le 30.

Novembre,
Toussaint le commande,
Saint-André le voit descendre.

Dans notre France, c'est à peu près à cette date que commencent les gros froids. L'hiver doit être là, ou alors il est en retard et dans son tort.

Et on dit bien :

Pour Saint-André,
Étable ton troupelet;
Si tu n'étables pas,
A Pâques tu ne l'auras pas.

Troupelet, c'est pour jeune troupeau, la partie du troupeau encore stérile. Si tu ne la nourris pas à l'étable, au chaud dans la paille et les planches brunes, maintenant, elle ne pourra jamais passer toute cette longue affaire de neige, de bise et de froidure qu'est l'hiver. Et toi aussi veille à bien t'hiverner.

Pour Saint-Andriu,
La neige sur le riu.

Ce qui fait entendre que le ruisseau est pris, couvert de glace, et que la neige n'y saurait plus fondre. Peut-être même ne fondra-t-elle plus de tout l'hiver.

La neige de Saint-André
Menace cent jours de durer.

Crois-le ou ne le crois pas. Mais dis-toi bien qu'

A Saint-André,
L'hiver est prêt.

La campagne. — L'herbe est verte, d'un vert nourri, encore, mais on la sent roidie et froide. Au revers des tertres, des gouttes dorment dans ses touffes. Du mont, au-dessus du village de pierraille et des champs en carreaux, on ne voit que des assises bleuâtres, en grands quartiers, mi-pacages, mi-forêts. Cela s'élève et se perd. La large cime dormante se cache sous la nuée sans contour qui tient tout le ciel. Du haut tournant de la route, on a en face de soi ce gris immobile, cette absence, ce silence.

Un tel silence; personne aux champs qui travaille, plus un cri de grillon; et pas encore un roulement d'eaux. Les feuilles même ne vivent plus dans cet air si calme. Tout est en sommeil.

Au petit bois de mousse et de pins, dès l'entrée, mon compagnon me montre les « charbonniers »; on les nomme ainsi parce que leur chapeau est comme frotté de noir, les feuillets, la queue restant d'un blanc de lait caillé. Qu'on en trouve un et l'on est sûr d'en trouver d'autres; ils essaiment; seulement on les voit mal, cachés sous un feutrage grossier d'aiguilles de pins et de débris sylvestres.

Il y a plaisir à se procurer ainsi sa subsistance, comme dans une île déserte. Ces champignons sont venus d'eux-mêmes; et sur son échine où le granit affleure en carapaces usées, ce bois sauvage ne doit rien à l'homme. Je vais sous les arbres. La roche saille par places, dans les mousses, se dispose en gradins, on dirait des fondements de châteaux disparus. La solitude au milieu de choses si vieilles, si fraîches, vous reporte hors du temps. Et quel rafraîchissement merveilleux que la compagnie de ces petites plantes si fines. Dans la laine des brins rêches s'emmêlent le mille-feuille, découpé à l'extrême, le serpolet, à peine encore fleuri de rose, des poignées de crin vert et des lichens, et des rosettes de courtes feuilles pointues dont le cuir glauque est taché de brun. Toutes ces natures, de figures et de verdures diverses, inutiles et vives, parlent à je ne sais qui en nous, plus lointain que l'enfant.

Le petit bois s'obscurcit. Au pied des pins, on prend pour des charbonniers ce qui n'est que lamelles d'écorces noircies par les saisons. Plus avant, on tombe sur un autre château de granit, des glacis de mousse, d'herbes fines. Dans les prés en terrain plus gras, comme les herbes sont moins belles. Ne serait-ce pas la pauvreté, la difficulté de vie qui donnerait les réussites les plus rares? Et cela vaudrait non pas seulement pour le règne végétal, mais pour le règne de l'art, pour le règne de l'esprit?

Pensées à peine formées qui se défont dans le calme de novembre et de la montagne. A la lisière du bois, il y a un jeune alisier : ses feuilles côtelées, roulées en coquilles et toutes de vieil or en dedans, montrent leur envers d'argent mat.

Les travaux. — En novembre, on ôtera les raves de terre, les dépouillant de leurs feuilles et les mettant sous le sable pour les garder de la gelée. On amènera du gland pour nourrir les pourceaux; on recueillera châtaignes et marrons, ainsi que les fruits qui sont de garde. On fera les huiles. On mettra ses vins en sa cave, on coupera des perches de saule pour les treilles, et on tirera ses échalas des vignes.

Les signes. — Le bonhomme qui se lève au matin pour faire sa journée l'a souvent observé : si la ceinture de cuir qu'il boucle par-dessus son pantalon semble avoir rétréci, c'est signe de pluie. Le bois des meubles a gonflé et on a peine à ouvrir le tiroir de la table. Le pain est devenu tout mou, et dans la salière accrochée à son clou, le sel est mouillé à faire croire qu'il va fondre. Les pierres du cellier se sont faites plus noires, comme aussi celles de l'escalier qui descend à la cave. Dans leur étable, les vaches lèchent la muraille; parce qu'elles sont friandes du salpêtre qui en sort ainsi qu'un givre.

Le fer même, comme s'il prenait l'humidité, paraît suer. La cognée que le bonhomme décroche pour aller au bois, ou la faux qu'il prend pour couper, avant de partir, une poignée d'herbe, ont leur lame ternie, glacée de bleu et de rose. Le manche colle et glisse mal dans la main. Tout dit, ce matin, que l'air est plus doux, plus plein de mouillure qu'il n'était hier. Le bonhomme a jeté un coup d'œil; il n'y a pas de buée aux carreaux de la petite fenêtre. S'il y en avait, le temps serait plus frais dehors que dedans, donc plutôt tourné au beau. La porte ouverte, on entend, de loin venu, plus résonnant, mieux porté que la veille par l'air humide, le son des cloches.

Au long de la coursière où le bonhomme monte, dans les pierres et les filets d'eau, les fils télégraphiques bourdonnent. De poteau en poteau, courbe après courbe, leur ruban de fils ondoie, vaguement luisant dans l'air gris. Et au-dessus des terres labourées, cela chante. Le bonhomme a remarqué que c'est signe d'un changement de temps. Plus ce bourdon est gros et grave, comme celui qui tremble sur la petite place, après le dernier coup de la cloche, plus le changement doit être prochain.

En passant, il a vu l'étang non plus clair ainsi qu'aux jours passés — on aurait pu compter les feuilles jaunes tombées du tremble et reposant sous l'eau des berges, — mais trouble et bourbeux. Les grives apparaissent dans les labours au lieu de rester dans les vignes. Cette nuit, les rats ont mené plus de train que d'habitude, frétillant, trottant, sifflant dans les galetas, se pourchassant et roulant les noix sèches sous les glanes d'oignons. Le chat, hier, a nettoyé longtemps sa face et ses oreilles, signe de pluie ou de vent, — de neige, s'il cherche aussi les endroits chauds où se pelotonner tout rentré en sa fourrure, le nez en son giron. Même signe quand les chiens s'allongent indolents, somnolents, et que le ventre leur gargouille; ou au rebours, quand ils creusent dans les talus, des deux pattes, en faisant voler la terre, comme s'ils sentaient là quelque mulot tout proche.

Les batailles des coqs ou leurs cris sur le soir, entre chien et loup, pronostiquent semblablement la pluie.

Quand le coq chante à la veillée,
Il a déjà la queue mouillée.

Ou s'il crie à d'autres heures que de coutume et se donne du mouvement en battant des ailes. Voici pour son chant, du reste :

Si le coq chante à minuit,
Brume en l'air du temps.
Si le coq chante à midi,
Soleil clair et rayonnant.

Le bonhomme sait aussi que ses bêtes sentent venir l'eau lorsqu'elles s'acharnent davantage à la pâture, se querellent, se poursuivent, montent les unes sur les autres. Les béliers, les moutons, les agneaux, surtout s'escarmouchent, luttent front à front, cossant, s'entrechoquant la tête; les chèvres se lancent dans les roches, se pendent aux buissons pour s'attaquer aux rameaux des arbres, tondant plus nerveusement, ainsi qu'aux ciseaux, de leur dent qui arrête toute pousse, les jets de frêne, les taillis de fayards. Secouant le groin, les porcs crient, comme s'ils étaient échauffés, dans leur enclos derrière la ferme. Les ânes, les mulets, encensent, en balançant la tête; et si l'âne brait, couchant les oreilles, s'il gagne l'avoine, comme on dit, se roulant, les quatre fers en l'air, sur la terre pelée, parmi les orties sèches et les bardanes, c'est signe de neige. Les chevaux hennissent plus fort, s'ébrouent; et le poulain, dans le pacage clos de baliveaux, court, la crinière envolée, entraînant les génisses à courir avec lui.

Les vaches, si elles ne font pareillement les folles, frottent leur échine aux troncs des pommiers. Leurs changements d'appétit aussi, dénotent des changements de temps, ainsi que la façon dont elles se couchent à l'étable : la tête tournée du côté de la bise — du nord — signe de beau; la tête tournée du côté du vent — du midi — signe de pluie. Et quelquefois c'est si marqué, quand vraiment le temps tourne : toutes tournent la tête au temps qui vient.

Pour la pluie approchant, le bonhomme a cru observer que les bœufs, dans leurs pâtures se couchent sur le flanc gauche. Ils ouvrent leurs naseaux alors, se grattent de la corne ou se lèchent le pelage à rebrousse-poil. Soufflant, ils regardent le fond du pays : le côté du midi, là-bas, au-dessus des domaines et des bois brouillés où luisent entre les nuées de froides, de longues lueurs jaunes. Et l'heure venue, en bande inquiète, ils gagnent l'étable, meuglant tristement, comme s'il leur fallait se replier sans comprendre, devant tout ce qu'ils sentent venir avec l'arrière-saison, dans le temps, dans le train du monde.

DECEMBRE
UN MOIS AVANT, UN MOIS APRÈS, NOËL,
LE FROID SE MONTRE PLUS CRUEL.
54

Décembre

Les dictons de décembre

Le mois de l'avent
Est sujet au vent.

dit-on, peut-être un peu pour céder à la rime. Mais enfin, ces vents s'ils viennent, emporteront les feuilles mortes et les brouillards de novembre. Il y aurait plaisir à marcher sur la route séchée, à écouter les cris des coqs de ferme en ferme, plaisir à regarder du carrefour, au bout de la montée, le vaste bocage des campagnes et le côté où il y a toujours quelques plages de lueurs cuivrées au fond du ciel. On prétend que la pluie ne serait pas mal venue :

Dans les avents de Noël,
Il ne peut trop pleuvoir ni venter.

C'est une consolation qu'on se donne. Ceux-là paraissent plus sincères qui disent :

Quand secs sont les avents,
Abondant sera l'an.

Le vigneron même souhaiterait encore du soleil et quelque douceur dans l'air. Il sait bien pourtant qu'on dit :

Il ne faut pas compter sur l'appétit d'un vieil
Ni sur un franc beau jour d'hiver.

Mais il répète avec entêtement :

Dans l'avent, le temps chaud
Remplit cuves et tonneaux.

Ou bien, du pas de sa porte, tandis que tombe quelque grosse pluie dans la bousculade des nuées il dresse l'oreille, ayant entendu sous le ronflement des vents quelque grondement d'orage. On disait que s'il tonnait en novembre, l'hiver avorterait.

S'il tonne en décembre,
L'hiver est manqué.

Reste à savoir, encore un coup, si ce sera une bonne chose. Il y a un adage un peu sibyllin :

Hiver gourmand
Mange printemps.
Hiver gourmet
Mange l'été.

Cela doit signifier qu'un hiver qui a les dents longues mord aussi sur le printemps, de ses frimas. Mais l'hiver qui n'a que de petites dents, s'il laisse venir le printemps assez tôt, se rattrape sur l'été : il le dévore de jours pluvieux, glacés, désagréables. Accueille bien décembre, même si le temps entre en rigueur. Telle devrait être la bonne règle :

Un mois avant, un mois après Noël,
Le froid se montre plus cruel.

Le paysan qui pense à la future récolte et connaît la ronde des saisons, ne va pas s'en plaindre :

En décembre froid,
Laboureur a foi.

Il y en a pourtant qui disent, ou plutôt qui murmurent :

Il fait bon semer dans les vents,
Mais il ne faut pas le dire aux enfants.

Ceux-là doivent être établis en climat favorable, et encore ont-ils à bien prendre leurs mesures...

On est dans les jours les plus bas. La bise semble balayer la France d'un seul élan, des oseraies du fleuve aux grandes futaies grises des châteaux, des gros labours où un seul arbre fait sentinelle au bord de l'horizon jusqu'aux montagnes parsemées de genièvres sous le ciel chagrin. Prends patience, pourtant, et bon courage. Les jours vont recommencer d'allonger un tout petit peu. Voici comme on dit qu'ils croissent et croîtront :

Pour Sainte-Luce (le 13)
D'un pied de puce,
Et pour Nadal (Noël)
D'un pied de gal (coq).
Pour Saint-Sylvestre
D'un pied de maistre,
Et pour les Rois
D'un pied de roi.

Peut-être la terre est-elle déjà couverte d'une fourrure de neige, une neige qui couche les églantiers, écrase les genêts sous d'épaisses tourtes, monte presque jusqu'à la fourche des pommiers déjetés au revers de la colline. Sur la route, en contrebas des découverts, à l'aspect du nord, la bise l'amasse en bancs qu'on nomme des congères. Le facteur qui n'arrive qu'après-midi, annonce que là-haut, au col, il y en a plus d'un mètre, et que l'autobus n'a pas pu passer. Tombant en cette saison, il se peut qu'elle tienne des semaines.

La neige de l'avent
A de longues dents.

Du moins, elle couvre les blés. Le gros gel qui fait descendre le thermomètre à — 20°, — 30°, ne leur peut plus rien. Ceux qui ne l'aiment pas et qui ont l'esprit chagrin disent :

Huit jours de neige, c'est fumure,
Huit jours au-delà, c'est poison.

Mais ceux qui préfèrent bien prendre ce qu'ils ne peuvent changer tâchent de penser :

Si décembre est sous la neige,
La récolte se protège.

Bloqué à la maison, le paysan se redit cela, en soufflant dans ses doigts au coin même du feu. L'espoir vaut un verre de goutte, alors que jetant un coup d'œil à la fenêtre, on ne voit que le fourmillement sans fin des flocons contre un ciel gris.

Quand décembre est froid,
Quand la neige tombe,
En année féconde
Tu peux avoir foi.

Le jardin

Tu peux encore semer des pois Michaud et des fèves hâtives. Si le temps est doux, — on voit les montagnes en écrans de brume, les unes devant les autres, et de ces échelonnements humides leurs crêtes, plus bleues, se dégagent, se dessinent sur la nue comme d'un fil d'air, — si le temps est doux, taille tes pommiers, tes poiriers, en commençant par les plus faibles. Tu éviteras ainsi que la sève monte dans les branches à supprimer et tu avances pour le printemps; mais ne touche pas à ceux qui ont trop de vigueur. Émousse, émonde, bêche le pied et mets-y du fumier; plante, — tu as tout l'avent pour planter; tonds la haie d'épine, tu la retondras au mois de juin. Et découvre les artichauts.

Il se peut qu'il gèle fort, au contraire; que les larges feuilles vernissées des lauriers-cerises tournent au roux comme du cuir, et qu'il n'y ait plus çà et là dans les arbres dénudés qu'un nid en boule grise dans le branchage, avec tout au haut du pommier une pomme noire racornie. Si l'hiver est dur, charge le pied des artichauts de paille, de fumier et de feuilles mortes. Surveille les choux mis en jauge, les légumes rentrés dans la serre, les cardons, les salades plantés dans le sable des caves. Mais en dehors des froidures, donne-leur de l'air de temps en temps.

En décembre, les travaux de pleine terre sont restreints. Dans les herbes givrées et les pendeloques de glaçons, deux hommes abattent des vergnes le long du ruisseau; un autre sur la côte, où les prés jaunes sont tachés de vert, là où se dégorgent des surgeons d'eau, éparpille sur un champ le fumier rangé par tas noirs et réguliers.

Si le temps n'est pas à la pluie, ce qui nuit aux cultures et morfond la glèbe, comme disent les paysans, bêche, défonce, transporte les engrais, étends-les sur le sol. Avant les gros froids, tâche de bêcher à grosses mottes les carrés vides, où ne verdoient plus que quelques plants de doucette, parmi les laiterons desséchés et les bourraches en peluche grise. Les gelées, en pénétrant et divisant la terre, la rendront plus friable et plus fine, mieux disposée à recevoir les semences et à se laisser réchauffer par les premiers rayons, aux beaux jours.

Si le temps est incommode, répare les paillassons, les châssis, les coffres, remets des manches aux outils, et remplace, des bouts que tu tailleras dans une branche de saule, les dents qui manquent aux râteaux.

Au jardin des fleurs, recharger les allées, faire les changements de distribution qui sont décidés, défoncer les gazons en vue de les renouveler, élaguer les arbres qui bouchent trop la vue.

Dans les bonnes années, on trouve quelques violettes parmi leurs grosses feuilles, au pied des murs; et leur parfum est plus fin que celui des violettes de printemps, comme celui des orangers en caisse, difficilement fleuris, l'est plus que celui des orangers poussés en pleine terre. Les roses de Noël doivent être en pleine floraison. Trop souvent ces fleurs, d'un rose maladif de nacre, sont salics, déchirées, brûlées de roux, mais il en est de quasi vertes, au cœur noir, d'un chiffre assez maléfique, qui résistent mieux et sont belles. Tu dois avoir aussi quelques fraîches pensées et du jasmin d'or. Tel surgeon de rosier garde ses feuilles vives, et deux, trois baies amollies, qui donnent, si on les presse, une petite confiture couleur de soleil couchant. Entre les pierres de la citerne, se montrent encore des fougères et des scolopendres, c'est là la seule verdure du jardin. Les thuyas, sombres ou dorés, sont tout givrés, ce matin, du côté de bise. Le ciel semble immobile, fait d'une seule grande nuée, ni grise ni bleue, où des changements d'éclairage et de ton révèlent vaguement le corps des nuages sans contours. Mais un souffle froid te pique les joues quand tu tournes la figure vers le nord. Et tu vois là-bas, battant l'air avec des croassements et des cris, peu à peu se lever une tournoyante nuée de corbeaux qui va se perdre vers la région des bois, fins et bruns, au bout de l'horizon.

Proverbes des paysans

CHAQUE PIED TROUVE SON SABOT.

PAS D'AUCHOU
QUE NE TRAPO COUDERCHOU.

(Pas d'oison
qui ne trouve son petit pré.)

A BREBIS TONDUE, DIEU MESURE LE VENT.

QUAND NEICHI N'AGNELOU,
NEICHI UEN GENÊTOU.

(Quand naît un agneau,
Naît un petit genêt.)

CE QU'ON GARDE POURRIT,
CE QU'ON DONNE FLEURIT.

DONNER SUR DONNER
ENLÈVE UNE AME DU PÉCHÉ.

DIEU N'EST PAS JOUEUR,
MAIS IL EST BON PAYEUR.

Chanson du pèlerin

Combien de gens vont en pèlerinage,
Combien de gens s'en vont à Bethléem.
J'y veux aller, j'en ai bien le courage,
J'y veux aller si je puis cheminer.

Refrain :

La jambe me fait mal,
Boute selle, boute selle,
La jambe me fait mal,
Boute selle à mon cheval!

Un messager, dans les hauts pâturages,
Un messager a hélé les bergers.
Leur a crié de se mettre en campagne,
Leur a crié ! le Fils de Dieu est né!

La jambe me fait mal, etc.

J'ai un roussin qui vole dessus terre,
J'ai un roussin qui mange le chemin.

L'ai acheté d'un qui venait de guerre,
Je l'ai payé quatre écus bien frappés.

La jambe me fait mal, etc.

Quand j'aurai vu le Fils de Dieu sur terre,
L'aurai prié avec tous ses élus,
Et rendu grâce à la Vierge sa mère,
Que j'aurai fait tout ce qui leur est dû,

N'aurai plus aucun mal, etc.

Les astronomes enseignent que l'hiver ne vient que le 21. Mais on sait bien qu'on est dans la morte-saison. Les bêtes même le savent, qui ont pris leur poil d'hiver, épaississant leur pelage sans se soucier de ce que marque l'*Annuaire des longitudes.*

Pour Sainte-Barbe (le 4),
L'âne se fait la barbe.

Les mineurs, les pompiers, les artilleurs sont en fête. Après-demain, le 6, ce sera les étudiants, pour la Saint-Nicolas.

Saint-Nicolas
Marie les filles avec les gars,

parce que sa fête marque le temps des veillées et des petites réjouissances : les jeux dans la neige neuve, tandis que la campagne dort au loin sous deux ou trois fumées, et les réunions de huit heures où l'on arrive avec une lanterne.

A la Saint-Nicolas,
L'hiver est souvent las.

N'y compte pas trop. Demain, le 7, voici saint Ambroise.

Quand Saint-Ambroise tu vois neiger,
De dix-huit jours de froid tu es en danger.

Arrive la grande fête de l'Immaculée, le 8, et on ne te promet pas un temps meilleur.

Notre-Dame de l'Avent,
Pluie et vent.
Tire ton bonnet jusque sur tes dents!

Une pluie froide, chassée de biais, un homme, houppelande battante, qui se hâte de rentrer chez soi, retenant de sa main gantée d'une moufle rousse sa toque bourrue. On va vers le solstice; le soleil ne s'élève guère, au fond du ciel, sur les cantons assombris où ne se voient que deux meules, les tilleuls du domaine, un vol de corbeaux...

A la Saint-Thomas,
Les jours sont bien bas.

Cependant, à partir du 15, ils recommencent de croître, à peine, le soir.

Les jours en font pour Saint-Thomas,
Depuis la bouche jusqu'au nas.

Les prés, les carreaux des champs, à plat sous les peupliers prennent la couleur du chanvre. Tout est mortifié, morfondu, engourdi. Ne s'entend que le jacassement chevrotant de deux pies autour de la ferme. Ce serait temps de préparer le lard, et les salaisons, si tu ne l'as déjà fait. Sans viande de porc, comment passer l'hiver?

Pour Saint-Thomas (le 21),
Si t'as un porc, donne-lui sur le nas (nez).
Aille en voler un qui n'en a.
Saint Thomas lui pardonnera.

Plus chrétien, l'avertissement qui suit :

A la Saint-Thomas,
Cuis ton pain, lave tes draps;
Dans trois jours Noël t'auras.

Dans toute l'année pas de jour plus marquant, ni qui porte plus de remarques.

Quand la Noël tombe un lundi,
Adieu abeilles et brebis.
De quatre bœufs vends-en deux et demi !
Mets l'argent en blé,
Tu gagneras par moitié.

Un jeudi, ce ne sera pas mieux :

Quand Noël tombe un jeudi,
Charrettes et bœufs tu peux vendre.
Mais s'il tombe un vendredi,
Le blé roule par les cendres.

Enfin :

Si le jour de Noël se trouve être un dimanche,
Les ennuis de l'hiver viendront en avalanche.

Quelles idées aussi sur la lune! La lune de la Saint-Jean, du solstice d'été, passe pour gouverner le temps jusqu'à Noël, jusqu'au solstice d'hiver. De même,

Lune de Noël gouverne le temps
Jusqu'à la Saint-Jean.

Que Noël n'arrive pas entre deux lunaisons :

Noël sans lune,
De deux vaches on en mange une.

Mais il ne faut pas souhaiter la pleine lune, non plus.

Claire nuit de Noël,
Claire javelle.

Et l'on désire tant que la javelle soit épaisse! Sinon, c'est rareté du blé; il est à trop haut prix pour les pauvres gens.

En allant à la messe de minuit, par le chemin de crête, jalonné de pierres fichées, mieux vaut ne pas avoir devant soi un ciel tout brasillant et crépitant d'étoiles.

Beaucoup de paille, peu de blé
Quand Noël est étoilé.

Lorsque tu sortiras de l'église, mouille ton doigt et prends le vent.

Vent qui souffle à la sortie
De la messe de minuit
Dominera l'an qui suit.

On sait, du reste, que ce jour-là le vent change :

Après Noël,
Bise nouvelle.

Peut-être. Les gens aimaient un peu trop les remarques. Sages seulement ceux qui, assis sur un tabouret à trois pieds devant la flamme, fabriquaient des dictons pour se résigner aux frimas. A Noël, vingt dictons le rabâchent :

Qui à Noël se chauffe au soleil,
A Pâques brûle la bûche de Noël.

A Noël les moucherons,
A Pâques les tisons.

Verte fête de Noël,
Blanche fête de Pâques.

De toute façon, il y a des froidures à subir. Accepte d'en passer par là.

Noël dans sa besace porte l'hiver,
S'il ne l'a devant, il l'a derrière.

On dit aussi :

Quand Noël fait cri-crain,
C'est bon signe pour le grain;
Mais quand il fait tié-tié,
Force javelle, guère de blé.

Tié, tié, c'est le bruit des gouttières et des sabots patouillant dans la neige fondue. Cri-crain, c'est celui des clous crissant, des semelles grinçant sur la neige durcie et des feuilles de glace qui craquent.

Noël gelé,
Moissons grainées;
Noël givré,
Moissons fleuries.

Or le laboureur n'aime pas voir dans son blé les fleurs de folle semence.

Et déjà, le soleil s'attardant une minute de plus à son coucher, on croit saisir quelque petit signe de renouveau.

Le jour de Nadau,
La pie porte son premier trau.

La première branchette, dont elle va faire son nid dans les peupliers de la rivière.

Cette nuit du 25 au 26, le vigneron va écouter s'il vente :

Dans la nuit qui amène saint Étienne,
S'il fait du vent
Le vin sera très abondant.

Cependant l'année s'achève. Tâche de la finir en joie, songeant aux étrennes, que tu vas recevoir, surtout que tu vas faire.

Entre Noël et la nouvelle année,
C'est les jours des acquêts.

DECEMBRE
A LA St NICOLAS
L'hiver est
souvent las
6
N.D. de L'AVENT
PLUIE ET VENT
TIRE TON BONNET
JUSQUE SUR LES
DENTS
8
A LA St THOMAS
LES JOURS SONT
BIEN BAS.
LES JOURS EN
POUR St
DEPUIS LA
JUSQU'AU
52

Voici le dernier saint du calendrier :

Saint-Sylvestre,
Un jour de moins était de reste.

Et l'on s'amuse à dire que les coqs pondent un œuf par an, ce jour-là.

Regarde du côté du soleil, aie la foi dans l'an qui vient. Tout mis en balance, un jour apportant moins, et l'autre davantage, l'an s'est fait. Ne te soucie donc pas des hauts et bas de la saison :

Comme tu feras,
Tu trouveras.

La campagne. — On est levé depuis longtemps quand le soleil se lève. Mais, à ce moment, il faut s'approcher de la fenêtre; on ne saurait pas s'empêcher de regarder. Les contreforts découpés de la chaîne, comme rabattus contre elle, s'en vont jusqu'au fond de l'horizon. Ils sont tout fourrés de bois, en longues bourres qui font les échelles, les uns d'un brun rouillé, desséché, les autres d'un vert résineux tirant sur le jaunâtre. Au plus haut, sur une butte, il y a un groupe de métairies : petit, et bas, et net, il est disposé comme à plaisir, montrant bien ses façades : voici que vient les toucher le premier rayon, encore imprégné de mouillure. Comment ne pas imaginer que ce serait bon de vivre là-haut, dans ce domaine, que rejoint avant les autres la lumière.

Hier, vers le nord, on voyait la plaine pourrie de brume, avec peu d'arbres épars, en ramilles, et des meules en forme de maison, déjà sales et grises, montrant une tranche plus fraîche. Abrité sous un tombereau aux bras levés, un homme se chauffait à un feu clair, fait d'une poignée de paille : et loin, épais, plus blanc que le ciel, courait un déploiement de fumée qui durait longtemps.

Mais il suffit que le vent tourne au sud. La campagne, débarrassée des feuillages, des herbages, est bien visible; et décembre, si dépouillé, peut être tout clair. Il sent l'attente et déjà le commencement. Et dans les emblaves le blé lève, poussant ses lames vertes.

Il fera beau, ce matin. Le soleil chauffe la maison, et de chaque côté des trois marches, il y a encore une bande de soucis couleur de citron et couleur d'orange. Vers dix heures et demie, brusquement, le vent se lève et, par la fenêtre ouverte va renverser je ne sais quoi, un paravent, dans la salle à manger. On se souvient que les jours ont fini de raccourcir. Ce vent presque tiède, on voudrait partir à sa rencontre, il sent l'espace, un peu comme on le sent en Provence, du côté d'Aix, là où la mer ouvre un grand large qui oriente tout le pays.

Les travaux. — En décembre, on visitera souvent les champs, afin de faire écouler l'eau amassée par les grandes pluies, et on la fera courir par les vieux prés. On amassera le fumier pour fumer les guérets. On ébranchera les saules, les aubiers, les peupliers, afin que les rameaux plus facilement poussent dès que l'hiver sera passé. On coupera le bois, tant pour se chauffer que pour bâtir. Lorsque les campagnes seront couvertes de neige ou inondées de pluie, tellement qu'on n'y peut faire aucune besogne, on fera des paniers, des cabas, des ruches, mille ustensiles de bois, des manches à outils, des râteaux et des herses; on raccoutrera les timons, les jougs, les charrues, et tout ce qui est propre au ménage champêtre.

Les signes. — L'année s'achève, et du tournant de la sente, une main en visière sur les yeux, le bonhomme épie encore les signes. Arrêté sous le cormier solitaire, il regarde les prés d'herbe morte, les communaux, la lisière des bois; mais surtout, devant lui, l'espace ouvert d'air et de nuages, où se forme au fond du ciel ce visage de la saison qu'on a nommé le temps.

Il regarde. Il connaît les quatre vents maîtres; peut-être quelques autres encore, le vent blanc, le vent noir, l'aure, le vent des glands, le follet, la traverse. Des aspects de la nuée, des étoiles, de la lune brouillée ou luisante, du soleil blanc ou rouge, se levant, se couchant dans un ciel nettoyé ou encombré du brouillard des vallées ou des montagnes, du bleu pâle ou sombre des lointains, des fontaines qui tarissent, qui se troublent, des oiseaux volant en l'air, des cris, des mouvements du bétail et de la sauvagine, de tout, de tout, de la fleur du mouron qui se ferme et de l'araignée qui se retire en son coin, il sait tirer des pronostics.

Le bonhomme fait état des rubriques, des remarques, mais il sait bien que celui même qui connaît tous les signes se trompe encore dès qu'il se mêle de prédire le temps.

Parler du temps et du gouvernement,
C'est vouloir se mettre dedans.

Les pluies, le chaud, les gelées, les redoux, tout cela ne peut être prévu qu'en gros et à peine à un ou deux jours d'avance. Qui saurait même répondre de l'heure qui suivra?

On voit bien la grande mécanique des saisons. Presque à date fixe reviendront des jours qui auront tel goût : pour la Chandeleur ce ciel nébuleux où luit de place en place un éclairage blême : pour les saints de glace, un temps vert, tout froidi, et qui fait serrer les épaules : pour la Croix de septembre, des nuées de plomb passant dans la bise sur les sorbiers rouges et noyant les fonds et les côtes. Seulement le train de cette mécanique n'a rien de certain qu'en masse, en général. Il commence de pleuvoir : tu sais que tu seras finalement tout mouillé, mais tu ne sais pas où va tomber la prochaine goutte, si ce sera sur ton chapeau ou sur ta veste. Les jeux des vents, des vapeurs, des températures sont tellement dispensés de toute liberté, si la liberté c'est le choix. Et cependant ils restent imprévisibles, tissant devant nous une espèce de mystère fait de nécessité et d'incertitude.

Mais le bonhomme a le sentiment d'une liberté plus précise. Il regarde le temps comme une personne, plus réglée, en gros, plus soumise à ses habitudes qu'aucune, mais plus fantasque et plus imprévue qu'aucune dans le détail.

Par pluie ni par beau,
N'oublie jamais ton manteau.

Ce qui se dit encore :

Bonhomme, quand il pleut,
Couvre-toi si tu veux.
Mais surtout s'il fait beau,
N'oublie pas le manteau.

Mystère du temps qui trompe les plus connaisseurs. Cependant le bonhomme n'accepterait pas de ne pas l'apprivoiser. Il tâche d'interpréter les signes selon la saison. Ce qui l'été annonçait le beau, annonce le froid sec, la gelée qui rend les chemins comme du fer, sous un bleu mangé par une lumière d'argent et duveté de brume. Les éclairs, en ces sombres mois, annoncent la tourmente et le vent en tempête. Les nuages qui s'amassent, surtout quand le ciel s'est radouci, annoncent la neige. Il y a pour cela un certain aspect des nuées qui d'obscures blanchissent, tandis que souffle la bise, et alors même qu'il ne gèle pas, un certain froid qui pénètre les os et donne le frisson. Pour le dégel, il y a les craquements de la glace sur les bords de la rivière qui roule en flot de goudron dans les champs d'ouate et de verre : il y a surtout une autre couleur des côtes et de leur masse de pins, là-bas, une autre disposition de l'esprit et de la fibre. Il faut sentir cela. De sorte que prévoir le temps reste un art plutôt qu'une science.

Demain, après-demain, repartant pour bûcheronner dans les bois, le bonhomme s'arrêtera à ce même poste. C'est sous le vieux cormier d'où l'on découvre tant de pays. Il verra de petits nuages bas voltiger côté de bise, et les oisillons des buissons revoler en bandes de pacage en pacage. Il se souviendra que les canards et les grues ont passé sous la nue, cette année, plus tôt que de coutume. Autrefois on disait que quand le loup s'approche de la cabane du berger en hurlant horriblement et essaye d'entrer dans le parc à moutons il pressent la tourmente survenant avant trois jours. Les loups sont avec les neiges d'antan. Mais une belette a passé le long de la haie d'épine. Le bonhomme sait que, si elle est rouge, cela présage le temps doux, si elle est blanche, des froidures. Il observe une pie qui sautille dans le pré, devant la métairie, et qui approche de la porte plus qu'elle ne fait d'habitude :

Pie dans la ferme,
Neige à court terme.

Il sait que le mauvais temps n'est pas loin. Du milieu des nuées bouffantes et des étoiles scintillantes de gel, l'hiver va lever derrière les collines son énorme tête chenue. Et ridant ses joues plus pâles que la pleine lune, hérissant sa barbe à pendeloques de glaçons, il soufflera sur le pays ce furieux aquilon qui ploie les arbres et qui fige les montagnes.

Reviendra l'été. Et le jardin devra être une ébauche de paradis, car paradis n'est que le nom glorieux du jardin. Chaque jardin tente, de dérisoire mais touchante façon, de refaire le jardin premier, l'Éden entre ses quatre fleuves. Dans les allées de pommiers en berceaux, ceux de la calville blanche et de la reinette grise, devant les carreaux de « carotte rouge longue lisse de Meaux » ou de « scarole ronde verte à cœur plein », et de fèves et de pois, et de radis d'hiver, de panais, d'épinards, de choux-fleurs et de cardes, il te faut patiemment essayer de rebâtir, sinon l'Éden dans sa lumière d'aurore, du moins un lieu de rafraîchissement, de bon courage et de sagesse. Car tu rapprendras, dans le jardin, la peine et la confiance. Et sur cette étroite allée, entre les fraisiers et l'oseille, tu retrouveras le chemin d'une chose que, même sur cette planète quasi démente, il faut encore nommer la Sagesse; la toute bonne, au long sourire, à la patiente force.

Le vieil homme aux mâchoires creuses, à la moustache couleur d'herbe sèche, se redresse, relève sur son front le chapeau de paille ébourrée et considère les signes au fond du ciel.

On sent que les jours raccourcissent. Le temps peut brusquement se rafraîchir, là-haut, dans la montagne. Et tant à faire encore, tant de besogne devant soi qu'on voit à faire et qu'il faut faire. Ha! un jardin vous apprend cela, à voir toujours l'ouvrage qui vous presse. A peine a-t-on fini avec ce carré du pêcher de plein vent que cet autre vous attend, entre les poiriers en quenouilles. Si bien qu'on ne peut songer qu'à cela : à la besogne de demain, celle qui suffira à la peine du jour. Tu sais qu'elle est là, qui te veut tout entier. Le vrai jardinier, ce n'est pas celui qui a besoin de ses chicorées, de ses poireaux et de ses raves : c'est celui qui sent que chicorée, poireaux et raves ont besoin de lui; qu'ils comptent sur lui pour sarcler leur planche et les débarrasser du liseron qui court partout; pour arroser, le soir, lorsque l'ombre revient.

La vieille qui est venue cueillir deux poignées de cocos pour sa soupe et qui les emporte au creux de son tablier bleu, regarde le terreau qui blanchit. Chez elle, elle s'en souvient, on disait :

De Saint-Laurent à Notre-Dame,
La pluie n'afflige pas l'âme.

Mais c'était en vrai pays, au terroir du beau blé et de la vigne! Tandis qu'en ce pays de son homme, c'est à peine si on peut faire courir un cep sur la façade, à l'aspect du soleil, pour faire croire qu'on est dans quelque bon endroit. Le raisin y mûrit une année sur cinq. Les quatre autres, ces grappes vertes, dures comme des pois chiches, c'est du verjus, aigre à faire pisser le matou par la patte.

Cette année, il a fait plus chaud. Peut-être que si quelque peu de pluie venait à présent, que si la chaleur revenait ensuite et que...

Baissant le menton, le vieux matois la regarde par-dessus ses lunettes de fer. Il hausse à peine une épaule.

Le temps, on est forcé de s'en arranger comme il vient. Fais avec ce qui t'est donné, puisque tu n'as pas le choix.

Ce qu'il y a, c'est qu'il faut faire ! « L'ouvrage commande. »

De toujours, ils ont su cela, ces hommes : ceux qui la bêche en main, sous le soleil ou sous les pluies, aident la vie des herbes, des arbres, des bêtes à se faire plus vivante. Ils sont entrés dans la suite des saisons, dans l'ordre de la terre. Ils se sont mis en ménage avec la grande vie verte elle-même. La nature des choses leur apprend sa sagesse. On ne peut pas s'empêcher de désirer le temps qui conviendrait, mais on sait qu'il faudra le prendre comme il sera. Qu'il ne faut même pas trop souhaiter qu'il soit tel ou tel, parce qu'on n'est pas tellement sûr d'avance de savoir ce qui conviendrait.

Voilà! Si la vie, si l'expérience vécue enseigne une chose, c'est bien celle-là : impossible de savoir jamais ce que l'événement nous apporte. On ne peut pas savoir. D'un mal, un bien! D'un bien, un mal! Ce qui se présente ce soir, à ton désavantage, demain, d'une façon que tu n'aurais jamais imaginée, va tourner à un avantage plus grand.

La sagesse, c'est donc de ne pas entrer dans des imaginations, des soucis et des désirs. Pourquoi souhaiter que les événements prennent telle ou telle tournure, qui demain, même si tu ne peux en avoir l'idée aujourd'hui, les retournerait contre toi? Pour toi, il n'est que de travailler, de faire devant toi et tant que le jour sera long la besogne du jour. Avec autant de soin et d'exactitude qu'il se pourra, qu'il s'agisse d'arroser les arbres nouvellement greffés ou de repiquer les salades.

Cela, tous ceux qui ont un champ ou un jardin le savent. Il leur a bien fallu l'apprendre devant ces plants qui tournent en fanes jaunes, couchées et collées au terreau, si on ne les arrose ce soir, ou bien devant ces blés à couper qui s'égrènent si l'on n'y met la faucille, et qui demain ne seront plus que paille.

Tant sont grands les devoirs d'état. Et ils donnent une telle certitude. Celui qui a chaussé ses sabots au chant du coq, qui vite a traversé le pré encore mouillé pour en trois pas gagner son clos, qui a bêché, retourné la terre, s'arrêtant pour tirer une racine, l'arracher, la jeter au chemin, puis repartant sans hâte, sans répit, qui a travaillé ainsi tout le matin, à plein corps, tandis que le soleil monte, celui-là se sent un homme.

Sous son châtaignier, il est un homme qui a fait sa tâche, un homme fier. Il a ses idées à lui, qu'il n'a pas trouvées toutes faites dans le journal, mais qu'il s'est faites, comme cela, dans sa vie. Bien sûr, parce qu'il n'est qu'un humain, ces idées peuvent n'être que des humeurs. Mais il est sage : il sait en sourire. La nature des choses a fait de lui un homme qui touche le vrai. Cette espèce de dépendance lui donne l'indépendance.

C'étaient de vieilles gens, en pantalons rapetassés de velours, avec une chaîne d'acier toute polie d'usure pendant du gilet déboutonné. Mais ils savaient le devoir d'état. Demain, pourquoi une race d'hommes jeunes, l'œil rieur et la tête solide, ne prendrait-elle pas aussi vertement les choses? Et cultiver son jardin quand ce ne serait que bêcher quelques mètres de terre, n'est-ce pas commencer de refaire un paradis? Le paradis, nous en avons été chassés : qui voudra dire qu'il n'est plus?

Devant le calendrier des P. T. T. le bon ménager songe aux hasards des jours, et qu'il faudrait pourtant passer en air plus haut.

La feuille noire fut verte :
Elle est d'or, passé l'été.
L'avenir a porte ouverte
De l'un, de l'autre côté.
Heur ? malheur ? Comment le dire ?
Toute chose tournevire.
Ce qui vint de sombre aspect
En une aurore se dore.
Vois la fleur de pêche éclore
D'un bois tortueux et sec.
Ainsi donc fais bon visage
A ce qu'apportent les jours.
La lune sur le village
A son cours et son décours.
Passe plus haut que la lune :
Fais toi-même ta fortune,
Et que ta gaîté d'esprit,
Sur toutes choses fortuites,
Tours, retours, poursuites, fuites,
S'établisse en haut mépris.

Que l'an suive son cours. Toi, fais ta destinée.
Laisse-les bavarder et ab hoc et ab hac,
Qui de la politique et qui de l'almanach :
Tout an reçu de Dieu sera la bonne année.

Attente

Après avoir rêvé de révolutions sidérales et d'humains devenant des anges, se voyant si peu suivi par ses voisins, l'instituteur-adjoint se résigne à l'attente.

Automne, hiver, printemps, été,
Changeront-elles, ces chansons ?
Tout est dit et tout est chanté
Au branle des quatre saisons.

En l'éther quelle éternité
De tournoyantes lunaisons!
Sur son humus l'humanité
Rêve des célestes maisons...

Et si nous, enfants de la fange,
Voulions demain, sous un vol d'ange,
Faire paradis la planète ?

Qu'en verte étoile elle se change ?
... Mais eux, ils me marmonnent : « Mange »...
J'attends le temps de la comète.

J F M
A M J
J A S
BLÉ
O N D

Table des matières

Ce livre, mis en page
par Didier Thimonier,
a été imprimé en juillet 1984
sur les presses de Publiphotoffset
à Paris
pour les Éditions Albin Michel.

Numéro d'édition : 8481
Dépôt légal : septembre 1984